Der Weltreisende Colin Roß vor deutschem
und österreichischem Publikum

Katalin Teller

Der Weltreisende Colin Roß vor deutschem und österreichischem Publikum

Massenkulturelle Vermarktung von
Kriegserfahrung und Abenteuer (1912–1938)

Bibliografische Information der Deutschen Nationalbibliothek
Die Deutsche Nationalbibliothek verzeichnet diese Publikation
in der Deutschen Nationalbibliografie; detaillierte bibliografische
Daten sind im Internet über http://dnb.d-nb.de abrufbar.

ISBN 978-3-631-71360-0 (Print)
E-ISBN 978-3-631-71361-7 (E-PDF)
E-ISBN 978-3-631-71362-4 (EPUB)
E-ISBN 978-3-631-71363-1 (MOBI)
DOI 10.3726/b10630

© Peter Lang GmbH
Internationaler Verlag der Wissenschaften
Frankfurt am Main 2017
Alle Rechte vorbehalten.
Peter Lang Edition ist ein Imprint der Peter Lang GmbH.

Peter Lang – Frankfurt am Main · Bern · Bruxelles ·
New York · Oxford · Warszawa · Wien

Das Werk einschließlich aller seiner Teile ist urheberrechtlich
geschützt. Jede Verwertung außerhalb der engen Grenzen des
Urheberrechtsgesetzes ist ohne Zustimmung des Verlages
unzulässig und strafbar. Das gilt insbesondere für
Vervielfältigungen, Übersetzungen, Mikroverfilmungen und die
Einspeicherung und Verarbeitung in elektronischen Systemen.

Diese Publikation wurde begutachtet.

www.peterlang.com

Abstract

Der Reisejournalist und -filmemacher Colin Roß (1885–1945) galt in der Weimarer Republik als einer der populärsten Vertreter der geopolitisch interessierten Reiseberichterstattung. Doch Roß' publikumswirksame Tätigkeit, die sich mithilfe seiner zahlreichen Kriegsberichte, Reisebücher, Presseauftritte, Vorträge und seiner Reisefilme ertragreich vermarkten ließ, ging weit über Deutschlands Grenzen hinaus. Ein Vergleich zwischen den deutschen und österreichischen Produktions- und Rezeptionsbedingungen gibt Aufschluss darüber, wie sich die zunächst republikanisch-liberal gesinnte und später zunehmend nationalsozialistisches Gedankengut propagierende Kultfigur einen denkbar festen Platz in den beiden Öffentlichkeiten, die ideologisch und kulturell mal konvergierten, mal divergierten, sichern konnte. Als besonders relevant erweist sich dabei der Umgang von Roß und seines Publikums mit dem reiseliterarisch geprägten Topos des Abenteuers sowie der Gattung des Kriegsberichts und seinen Bestandteilen: Diese bildeten nämlich die Grundlage für ein Profil, das sich je nach Bedarf aufbereiten und konsumieren ließ.

The travelogue writer and filmmaker Colin Ross (1885–1945) was regarded as one of the most popular representatives of geopolitically interested travel reports in the Weimar Republic. But Ross's activity with its strong public appeal, which was successfully marketed by means of his numerous war reports, travel books, press releases, lectures and his travel films, went far beyond Germany's borders. A comparison between the German and Austrian conditions of production and reception provides information on how this cult figure secured himself a conceivable place in both public spheres. Roß, who initially propagated republican and liberal ideas and later devoted himself to the National Socialist ideology, could make an equally bright career in two inhomogeneous ideological and cultural settings. In this relation, the way how Ross and his audience used and perceived the topos of the adventure, as well as the genre of the war report and its components, proved to be especially relevant. These formed the basis for a profile which could be prepared and consumed as required.

Inhaltsverzeichnis

Vorwort 9

Anfänge, die kein Ende nehmen 13
    Betriebseröffnung: der Ingenieur und der
    Kriegsberichterstatter, 1912–1916 17
        Faszinosum Technik 17
        Zwei Monate Balkankrieg 20
        Von Front zu Front 25
    Lagerraum Nr. 1: Krieg, Reise und ihre flexiblen
    Gattungen 32

Betrieb auf Hochtouren: *Die erwachende Sphinx*
und *Mit Kamera, Kind und Kegel durch Afrika*,
1927–1928 43
    Medienbündel Afrika 45
        Kinderfreundlich unterwegs 45
        Am Tisch der Erwachsenen 50
        Im verdunkelten Saal mit Sogwirkung 54
    Lagerraum Nr. 2: Wissenspopularisierung 64

Betriebsanschluss als Coda: Kriegspublizistiksammlung
und Wiener Vortrag, 1938 73
    Lagerraum Nr. 3: Deutschösterreichdeutsch 77

Literaturverzeichnis 85
    Zitierte Werke von Colin Roß 85
    Archive 86
    Zitierte Literatur 87

Personenregister 101

Vorwort

Eine im Forschungsrückblick zu Reiseliteraturen beinahe unsichtbare Figur – die großen gattungsgeschichtlichen Erzählungen streifen ihn eher nach dem Zufallsprinzip –, ein etwas intensiver rezipierter Reisefilmemacher und Kolonialismusdebatter, ein unermüdlicher Möchtegernkulturphilosoph und ein in seinen außenpolitischen Wirkungsabsichten enttäuschter Aktivist von den frühen 1910er Jahren bis zu seinem Freitod 1945: Keine besonders schillernde Gestalt also, bei der man berechtigt die Frage stellen kann, ob die Beschäftigung mit Colin Roß etwas Neues oder zumindest Einleuchtendes bringen könnte. Siegfried Mattl, der zu früh verstorbene Leiter des Ludwig Boltzmann Instituts für Geschichte und Gesellschaft in Wien war davon überzeugt. Nachdem ihn das Österreichische Filmmuseum auf den filmischen Nachlass von Colin Roß aufmerksam gemacht hatte, entschied er sich dafür, das Œuvre von Roß wissenschaftlich aufzuarbeiten. Die Forschung sollte den international agierenden Reiseberichterstatter und -filmemacher im Ideologiekontext der Medien- und Gattungsgeschichte der Weimarer Republik, der Zeit 1933–1939 und der beiden Weltkriege verorten. Dies auf der Basis einer umfassenden Grundlagenforschung, denn – so viel war von vornherein ersichtlich – Colin Roß war ein äußerst leistungsfähiger Kulturproduzent, über den lediglich eine unveröffentlichte politische Biografie und vier kurze Aufsätze vorlagen. Nicht nur die über vierzig Bücher, bei denen er entweder als Autor oder Mitverfasser firmierte, und die über tausend Zeitungs- und Zeitschriftenartikel, die er vorwiegend in deutschsprachigen Presseorganen in Deutschland und im Ausland unterbrachte, sowie die einschlägigen Rezensionen sollten gesichtet, sondern auch seine abendfüllenden bzw. als Kurzfilme oder Kompilationen kursierenden Reisefilme ausfindig gemacht und seine internationale Vortragstätigkeit möglichst umfassend rekonstruiert werden.

Spannender jedoch als diese schiere Menge an gut verkäuflichen und auch gut verkauften Produkten war die Frage nach der Selbstpositionierung, der Marketing- und Netzwerkstrategie und nach der ideologischen Metamorphose von Roß und seinen bevorzugten Gattungen. Denn aus dem 1885 in Wien geborenen und in Deutschland ein Ingenieurs- bzw. Volksökonomiestudium absolvierenden Roß wurde zunächst ein republikanisch gesinnter und für liberale Zeitungen arbeitender Kriegsberichterstatter, Weltreisejournalist und -filmemacher, der aber nach seinem Bekenntnis zum Nationalsozialismus 1933 bald hinter dem Aktivisten mit antiliberalen und antibolschewistischen, dem nationalsozialistischen Propagandagut nahe stehenden Überzeugungen zurücktrat. Auch das wäre noch keine singuläre Karrieregeschichte in den unrühmlichen Dreißigern und Vierzigern, denn langsame wie kurz entschlossene Mit- und Überläufer gab es ja mehr als genug. Das Bemerkenswerte an Roß ist eher die seltsame Mischung von Gegensätzen: Die professionelle Handhabung von massenkulturellen Taktiken ging bei ihm mit einem eingestandenen Dilettantismus einher, die Innovation (wie das Reisen „mit Kind und Kegel") mit dem Herunterspielen des Erfindergeistes oder der Sonderleistung und das Engagement in der NS-Propaganda mit ihrer Kritik. Einem derartig aufgebauten Gesamtimage entsprechend scheint Roß ein Beispiel für ein massenkulturelles Produkt *per se* zu sein: gerade noch so exklusiv, dass es normal, d. h. jedem und jeder begehrenswert und zugänglich ist.

In dieser Hinsicht ist Roß' Präsenz auf einem internationalen Terrain besonders aufschlussreich: Außerhalb des deutschsprachigen Gebiets – und noch vor der Expansion des Dritten Reiches – berufen sich Zeitungen und Zeitschriften unterschiedlichster Couleurs in Ost- und Westeuropa, in den

USA, Kanada usw. auf ihn. Es ist anzunehmen, ja es ist zu befürchten, dass es, zumindest in Europa, kein Land gibt, wo er nicht in einer Buchbesprechung, einer Filmkritik oder einem Pressebericht aufgetaucht wäre. Die Profile der bisher eruierten Materialien legen zugleich nahe, dass die Rezeption von Roß das breite Spektrum seiner Produktion wiederspiegelte: Von wissenschaftlichen und populärwissenschaftlichen Publikationen über landesweit vertriebene Tageszeitungen und illustrierte Wochenzeitschriften bis hin zu Witzblättern und der lokal interessierten Presse jedweder politischer Richtung reicht das Echo seines Tuns und Lassens. Wie das Beispiel Österreich beweist – und hier wird der Fokus meiner kultur- und literaturgeschichtlich interessierten Ausführungen liegen –, ist die Art und Weise seines Auftretens und seiner Rezeption als Resultat eines wechselseitigen Austausches zu fassen, in dem das Angebot und die Nachfrage stets aufeinander Rücksicht nehmen und dadurch ein flexibles und dynamisches Tauschgeschäft in Gang setzen. Eine Schlüsselrolle in diesem Geschäft spielen die Adaptierungen der Kriegserfahrung und des Abenteuer-Elements für die Gattung des Reiseberichts und des weltpolitisch orientierten Journalismus, die z. T. unterschiedlichen Stellenwert in den für Deutschland und für Österreich gedachten Roß-Produkten erhalten. Die folgende vorläufige Bestandsaufnahme konzentriert sich denn auch auf ausgewählte Etappen aus Roß' Kriegs- und Reiseberichterstattung vor dem Hintergrund jener gattungsgeschichtlichen, institutionellen und ideologischen Bedingungen, die es Roß ermöglichten, durch den spezifischen Bezug auf seine Kriegsreisen und auf den reiseliterarisch geprägten Topos des Abenteuers ein Star- und Expertenimage zu entwerfen, das in den mal konvergierenden, mal divergierenden politischen Kulturen von Deutschland und Österreich freudig konsumiert werden konnte. Die Selbstprofilierung von Roß als geopolitisch und konfliktstrategisch denkendem Prognostiker für das kriegs- und krisengeschüttelte Deutschland mit einem familienfreundlichen, gebändigten Abenteuertrieb lief nämlich lange mit jener parallel, für die sich das vermeintlich neutrale Umfeld der Wissenspopularisierung in Österreich besonders empfänglich zeigte: Die vorsichtige Abenteuerzähmung ließ sich hier als Garant für eine transnationale, mitunter auch sozial empfindliche Expertise ohne imperialistische Nebentöne auslegen.

Dass dieses hier nur skizzenhaft geschilderte Porträt überhaupt gezeichnet werden konnte und eine problemorientierte Auseinandersetzung mit Roß möglich wurde, verdanke ich meinen KollegInnen in unserem vom Austrian Science Fund (FWF, P 27244) unterstützen Projekt *Welterkundung zwischen den Kriegen: Die Reisefilme des Colin Roß (1885–1945)*: Nico de Klerk, Kristin Kopp und Joachim Schätz, dem für das Lektorat mein zusätzlicher und besonderer Dank gilt. Die in den folgenden Ausführungen nur gestreiften Fragen nach Roß' filmgeschichtlichem Profil, nach seinem Amerikabild und nach seiner Positionierung in der geopolitischen Schule werden von ihnen in wissenschaftlichen Artikeln und auf unserer im Aufbau befindlichen Website beantwortet. TeilnehmerInnen der im Laufe des Projektes abgehaltenen Workshops haben mit ihren Rückfragen und Kommentaren ebenfalls einen wichtigen Beitrag zur Verortung von Roß und somit zu diesem Band geleistet. Danken will ich außerdem Magdolna Orosz dafür, dass sie die Publikation in die Wege geleitet hat, und den MitarbeiterInnen des Peter Lang Verlags, die diese Veröffentlichung hochprofessionell betreut haben.

Anfänge, die kein Ende nehmen

> Der Krieg hatte jetzt wohl aufgehört, war aber keineswegs zu Ende, und sein Ergebnis nicht festzustellen, denn alle hatten gesiegt, und alle waren besiegt worden.[1]

Diesen Satz aus einem 1935 im liberalen *Prager Tagblatt* veröffentlichten Feuilleton des Pazifisten Alfred Polgar als Motto zu einem Kapitel zu zitieren, in dem Roß' frühe Karriere als Kriegsberichterstatter und die daraus erwachsenen Gattungskontinuitäten und -brüche unter die Lupe genommen werden sollen, bedarf einer Erklärung: Polgar malt in seinem anlässlich des Abessinienkonflikts verfassten *Neuen Krieg* ein Szenario, in dem die Militarisierung Europas und die sich abzeichnende Unvermeidlichkeit einer kriegerischen Auseinandersetzung als ein groteskes Spiel vor Augen geführt werden. Das gegenseitige Abschlachten, in dem die Lebendigen von den Toten so wenig unterscheidbar sind wie die beteiligten Nationen voneinander, tobt über und in einem Soldatenfriedhof des Ersten Weltkriegs, und droht sich nach einer kurzen und trügerisch-friedlichen Verschnaufpause wegen der weiterhin konflikthungrigen Überlebenden neu zu entfachen. Unverkennbar ist Polgars didaktische Absicht, selbst wenn sie nur noch die Exilanten erreichte, aber auch unverkennbar die treffende Diagnose von der Perpetuierung des Kriegszustandes. Die Nachwirkungen von Roß' Kriegsteilnahmen zwischen 1912 und 1918 erweisen sich nämlich sowohl in

---

1 Polgar, Alfred: „Neuer Krieg" [1935]. In: ders.: Kleine Schriften, Bd. 1: Musterung. Hg. v. Marcel Reich-Ranicki. Reinbek b. H.: Rowohlt 2004, S. 118–122, hier S. 121.

seinem Selbstbild als auch in seiner Außenwahrnehmung, die in einem umfassenden Kriegsdiskurs von Deutschland und Österreich eingebettet sind, als ausschlaggebend.

Das Jahr 1935 bringt neben dieser Zuspitzung der politischen Gesamtlage auch den 50. Geburtstag von Roß und eine Reihe von Würdigungen, die von den divergierenden Wahrnehmungsweisen von Roß bzw. von den noch aktiven Kriegsspuren in Deutschland und in Österreich beredtes Zeugnis ablegen. Die einprägsamen Worte des Leitsterns der Geopolitik, Karl Haushofer, der Roß in der Autorengarde der *Zeitschrift für Geopolitik* seit 1925 besonders schätzte und freundschaftliche Beziehungen zu ihm hatte,[2] lassen das Geburtstagskind nicht nur als einen der „Pfadfinder der Geopolitik" hochleben, sondern definieren ihn auch als „wissenschaftlichen Freilanzenfechter[...]" zwischen Journalismus und den „Ackerfurchen, die mit voller Gefechtschwere [sic] die Wissenschaft zog".[3] Eine wahrlich martialische Rhetorik, die in unserem Kontext allerdings nur indirekt auf den Weltkrieg verweist. Doch das Bild eines animalischen Kämpfers ersteigt auch in einem anderen Glückwunsch, demzufolge Roß fähig gewesen sei, „mit raubvogelartigem Instinkt Konflikte und Wirrungen an irgendeiner Stelle des Erdballs"[4]

---

2 Vgl. Brockhaus-Protokolle 2: 1935–1943, Staatsarchiv Leipzig, Bestand 21083 – F.A. Brockhaus, Leipzig, I. Num. 790: Colin Ross, 11.11.[19]36, S. 4–5.

3 Haushofer, Karl: „Dem Fünfziger Colin Ross (4. Juni)". In: Zeitschrift für Geopolitik 6 (1935), S. 383. Vgl. Baumunk, Bodo-Michael: „Ein Pfadfinder der Geopolitik. Colin Ross und seine Reisefilme". In: Schöning, Jörg (Hg.): Triviale Tropen. Exotische Reise- und Abenteuerfilme aus Deutschland 1919–1939. München: Ed. Text + Kritik 1997, S. 85–94.

4 Dr. L. St.: „Colin Ross 50 Jahre". In: Berliner Tageblatt v. 4.6.1935 AA, 1. Beibl., [S. 1]. Zum ideologischen Profil der er-

vorauszuahnen. Während die reichsdeutschen Gratulierenden auf die kampflustige Veranlagung Roß' Wert zu legen scheinen, tritt diese Charakterisierung in den österreichischen Würdigungen hinter jene eines unterhaltsamen und familienfreundlichen Weltenbummlers und Journalisten zurück, der mit seinen „modernen Abenteuerbücher[n]", die gleichsam „Archivstücke unserer Gegenwart"[5] bilden, sich ein überzeitliches Profil zu verschaffen vermochte.[6] Die bemerkenswerte Divergenz in der Aufnahme von Roß darf jedoch nicht darüber hinwegtäuschen, dass die besagte Karriere in beiden Fällen v. a. als die eines tiefgründigen Geopolitikers mit Kriegserfahrung geehrt wurde.

Das Vorhandensein dieses gemeinsamen Nenners bezeugt die mehrfache, mit Textänderungen erfolgte österreichweite Veröffentlichung der Würdigung Hanns Martin Elsters,[7] des

---

    wähnten Presseorgane vgl. umfassend Stöber, Rudolf: Deutsche Pressegeschichte. Einführung, Systematik, Glossar. Konstanz: UVK Medien 2000, S. 113–257; Jagschitz, Gerhard: „Die Presse in Österreich von 1918 bis 1945". In: Bobrowksy, Manfred / Duchkowitsch, Wolfgang / Haas, Hannes (Hg.): Medien- und Kommunikationsgeschichte. Ein Textbuch zur Einführung. Wien: Braumüller 1992, S. 116–138; Paupié, Kurt: Handbuch der österreichischen Pressegeschichte 1848–1959. Bd. I: Wien. Wien / Stuttgart: Braumüller 1960.

5 Wallisch, Friedrich: „Colin Roß, Weltreisender aus Wien". In: Wiener Neueste Nachrichten v. 4.6.1935, S. 2.

6 C. O.: „Colin Roß Fünfzig Jahre". In: Neue Freie Presse v. 22.5.1935 MB, S. 6.

7 H. E. [Hanns Martin Elster]: „Colin Roß, der Weltwanderer". In: Neues Wiener Tagblatt v. 27.3.1936, S. 8; Elster, Han[n]s Ma[r]tin: „Der Weltwanderer Colin Roß". In: Tages-Post [Linz] v. 21.12.1935, S. 16; NN [Hanns Martin Elster]: „Colin Roß. Zu seinem 50. Geburtstag". In: Linzer Volksblatt v. 4.6.1935 MA, S. 6.

bekennenden nationalsozialistischen, aber diesmal rassenpolitisch zurückhaltenden reichsdeutschen Literaturpolitikers, der sich mit diesem Porträt auch einige Schwierigkeiten einhandelte, weil Roß' republikanische Vergangenheit in der deutschen Novemberrevolution und die jüdische Frau seines Bruders Fritz beim Ullstein Verlag aufmerksamen LeserInnen ein Dorn im Auge waren.[8] Gerade in diesem Kontext verdient der Artikel von Oskar Maurus Fontana, dem vorsichtigen Gegner des Ständestaats und später vom NS-Regime geduldeten Journalisten,[9] besondere Aufmerksamkeit: Die anerkennenden Worte Fontanas entwerfen eine Deutung von Roß, der zufolge eine weitsichtige Geopolitik Roß'scher Prägung für ein behutsames Rassenregime einstehe, weil sie die Effektivität der „Besiedlung" (und nicht Kolonialisierung) von fremden Ländern durch eine vernünftige Rassenmischung und durch den Abschied vom Überlegenheitsanspruch der „Weißen" definiert.[10]

Nun stellt sich die Frage, durch welche Produktions- und Rezeptionsmechanismen sich dieses facettenreiche Profil von Roß diesseits und jenseits der deutsch-österreichischen Grenze herauskristallisieren konnte, d. h. wie die unterschiedlichen Gewichtungen von Kriegs- und Reisejournalismus, Geopolitik und Propagandavermittlung von Roß selbst gesteuert wurden und, umgekehrt, welche kulturpolitischen und ideo-

---

8 Vgl. Brockhaus-Protokolle 1: 1927–1935: Colin Ross, 9.7.[19]35, S. 2–3 und Brockhaus-Protokolle 2: 1935–1943: Abschrift aus Brief Dr. Hanns Martin Elster, Berlin-Lichterfelde-Ost v. 21.6.[19]35.

9 O. m. f. [Oskar Maurus Fontana]: „Colin Roß 50 Jahre alt". In: Neues Wiener Tagblatt v. 2.6.1935, S. 11.

10 Vgl. Reiningshaus, Alexandra: Oskar Maurus Fontana. Wiener Feuilleton im Wechsel der österreichischen Geschichte. Wien: Passagen 2008, insb. S. 71–78 und 81–82.

logischen Bedingungen für die jeweils unterschiedliche Lesart von Roß verantwortlich gemacht werden können. Diese Fragen sind umso dringlicher, als Elsters und Fontanas Grußworte maßgeblich auf dem gleichen Text, nämlich auf Roß' „Erinnerungen" basierten.[11] Um ihnen nachzugehen, will ich im Folgenden anhand von drei Karrierestationen von Roß, darunter zwei in längerer und eine in kürzerer Ausführung, die Zusammenhänge zwischen Kriegsthematik, Reiseabenteuer und ideologischem Kontext sichtbar machen.

Betriebseröffnung: der Ingenieur und der Kriegsberichterstatter, 1912–1916

Faszinosum Technik

Bevor Roß 1912 in den Balkankrieg bzw. 1913 auf die Schauplätze der mexikanischen Revolution zieht, nimmt er dank seiner Anstellung im Ingenieurbüro Oskar von Millers an der Überseestudienreise des Münchner Deutschen Museums teil[12] und platziert Feuilletons und Kritiken in Tageszeitungen und illustrierten Wochenschriften sowie Fachzeitschriften, die den Stempel seiner Ausbildung als Ingenieur tragen.[13] Die in gängiger populärwissenschaftlicher Manier aufbereiteten Artikel behandeln neben technischen Fragen von industriellen Einrichtungen auch wirtschaftspolitische Probleme, wobei sich die Verschränkung von rhetorischen Griffen – wie der impressionistischen Anwendung von Zoo- oder Anthropo-

---

11 Vgl. Roß, Colin: Auf deutschem Boden um die Erde. Köln: Schaffstein 1934.
12 Vgl. ebd., S. 12–24; Baumunk, Bodo-Michael: Colin Ross. Ein deutscher Revolutionär und Reisender 1885–1945. Unveröff. Magisterarb., Berlin 1999, S. 8–9.
13 Die Auflistung sämtlicher eruierter Werke von Roß wird auf unserer Projektwebsite zur Verfügung gestellt.

morphismen bzw. von genrebildhaften Szenerien – und welt- bzw. nationalökonomischen Überlegungen bereits hier als fester Bestandteil der Roß'schen Schreibweise erweist:

> Dies [eine Vielfalt an Erzsorten] ist das Futter für die Hochöfen, die hinter dem Lagerplatz gleich vorsintflutlichen Ungeheuern zum Himmel ragen. Und sie sind gar gefräßig und – wählerisch. Das bunte, reichhaltige Erzlager bildet ihre Vorratskammer und der Ingenieur muß ihnen daraus täglich sorgfältig ihr Menü zusammenstellen. [...]
> Am leichtesten und lohnendsten ist der Erzbergbau dort, wo die Erze in gewaltigen Bergen zutage treten. Solcher mächtigen Eisenberge gibt es mehrere in Europa, und sie bilden die sicherste Gewähr gegen das baldige Versiegen der europäischen Erzausbeute. Denn diese Gebirge [...] bieten noch für Generationen und Generationen genug des unentbehrlichen Metalls.[14]

Der pure populärwissenschaftliche, auf die technischen Abläufe konzentrierte Abriss wird um eine Rundschau weltwirtschaftlicher Stoßrichtung ergänzt, die sich nicht scheut, weitblickende Prognosen zu treffen.

Wie sehr Roß um die Rohstoffversorgung seines Landes besorgt war, zeigt indessen ein seltenes Schriftstück aus seinem Œuvre, nämlich eine fiktionale Aufarbeitung des Horrorszenarios ‚Welt ohne Kohle und Eisen', die sich mit Andy Hahnemann zu Recht als ein frühes Beispiel der „Geopoliti-

---

14 Roß, Colin: „Eisenerz". In: Arbeiterwille (Graz) v. 9.8.1912, S. 1–3, hier S. 1 und 3. Der Artikel wurde außerdem im populärwissenschaftlichen Illustrierten *Kosmos* ebenso wie in den *Münchner Neuesten Nachrichten* abgedruckt. Zum *Kosmos* und seinen Konkurrenzorganen vgl. Müller, Dorit: „Populärwissenschaftliche Zeitschriften im ‚Dritten Reich' ". In: Würmann, Carsten / Warner, Ansgar (Hg.): Im Pausenraum des ‚Dritten Reiches'. Zur Populärkultur im nationalsozialistischen Deutschland. Bern et al.: Peter Lang 2008, S. 23–43.

cal Fiction"[15] in der Tradition der Zukunftsromane einstufen lässt. Die Novelle *Als der Welt Kohle und Eisen ausging* erschien 1913 im Jahresband eines langlebigen illustrierten Magazins, das sich auf kleinere Genres wie Reiseberichte, Entdeckungsreportagen, Jagdgeschichten und abenteuerliche Kurzerzählungen spezialisierte und v.a. die lesende Jugend als Zielpublikum vor Augen hatte.[16] Die Geschichte, die 1980 als titelgebendes Stück einer Anthologie wieder abgedruckt wurde,[17] handelt von einer weltpolitischen Krise im Jahr 1995, die infolge einer weltweiten protektionistischen Rohstoffpolitik den auf Export angewiesenen europäischen Staaten lebensbedrohlich wird und zusätzlich die Gefahr eines globalen Kriegs generiert. Es sind ausgerechnet deutsche Ingenieure mit Löwenherz, die nach der unwiderlegbaren Erkenntnis, „vor der gefährlichsten Krise, die unser Vaterland seit Jahrzehnten durchgemacht hat",[18] zu stehen, in einer

---

15 Vgl. Hahnemann, Andy: Texturen des Globalen. Geopolitik und populäre Literatur in der Zwischenkriegszeit 1918–1939. Heidelberg: Winter 2010, S. 139–141.

16 Zur umfassenden Geschichte der Zeitschrift vgl. Diesel, Eugen: 75 Bände „Das neue Universum", 1880–1958. Würdigung einer Epoche und eines Buches. Stuttgart: Union 1959; zum jugendliterarisch orientierten Überblick vgl. Heinzel, Matthias: „,Das Neue Universum' – 122 Jahre ungebrochener Fortschrittsglaube". In: Wangerin, Wolfgang (Hg.): Der rote Wunderschirm. Kinderbücher der Sammlung Seifert von der Frühaufklärung bis zum Nationalsozialismus. Berlin: Wallstein 2011, S. 299–301.

17 Vgl. Roß, Colin: „Als der Welt Kohle und Eisen ausging". In: Als der Welt Kohle und Eisen ausging. Klassische Science Fiction-Erzählungen. Hg. v. Susanne Päch. München: Heyne 1980, S. 286–326.

18 Roß, Colin: „Als der Welt Kohle und Eisen ausging". In: Das Neue Universum 34 (1913), S. 165–178, hier S. 167–168.

klimatisch extrem ungünstigen Nacht die Welt retten: Dank einer riskanten Neuerschließung eines alten Kohlenbergbaus gelingt es ihnen auf Kosten des Lebens eines der Kollegen, die Rohstoffknappheit zu beheben. Obgleich der mit mehreren Cliffhangern angereicherte Plot mehr als konventionell ist (und in einer langen Reihe vergleichbarer Zukunftsvisionen auch konventionell bleibt),[19] weist er auf die Denk- und Darstellungsstrategie von Roß deutlich hin, nämlich aus Partikularitäten eine globale Perspektive zu entwickeln, die bisweilen mit Bedrohungen v. a. wirtschaftlicher und politischer Natur geschwängert ist.

Zwei Monate Balkankrieg

Die in den nichtfiktionalen Feuilletons zu Tage tretende Kombination von Szenenschilderungen oder Anekdoten mit fachmännischen Informationen über Tagespolitik, Wirtschaft und Geschichte festigt sich auf der nächsten, kaum zwei Monate dauernden Etappe von Roß' Laufbahn, nämlich in seiner ersten umfassenden Kriegsberichterstattung über den ersten Akt des Balkankriegs. Die Zugehörigkeit zum verhältnismäßig neuen Berufsstand der professionellen Kriegsreporter, dieser damals „fast sagenhafte[n] Gestalten",[20] erforderte zunächst eine gewisse militärische und

---

19 Vgl. Hahnemann 2010, S. 142–145.
20 Roß: Auf deutschem Boden, S. 16. Zur mit dem Krim-Krieg 1853–1856 einsetzenden Wende im Status des Kriegsberichterstatters vgl. Daniel, Ute: „Bücher vom Kriegsschauplatz. Kriegsberichterstattung als Genre des 19. und frühen 20. Jahrhunderts". In: Hardtwig, Wolfgang / Schütz, Erhard (Hg.): Geschichte für Leser. Populäre Geschichtsschreibung in Deutschland im 20. Jahrhundert. Stuttgart: Steiner 2005, S. 93–121, insb. S. 105–106.

journalistische Einübung, der Roß in Form einer heute kaum mehr als sensationell einzustufenden Artikelserie in den *Münchner Neuesten Nachrichten* nachkam. Das schnelle Schwinden des Neuigkeitswertes der Gattung Kriegsreportage wurde sogar bereits in der Besprechung seiner gesammelten Berichte diagnostiziert.[21] Das Gros der Artikel wurde nämlich Anfang 1913, als schon der Zweite Balkankrieg im Gang war, mit kleineren Änderungen in sein mit eigenen Fotografien ausgestattetes Buch *Im Balkankrieg* aufgenommen und mit einem Vorwort versehen, das in aller Knappheit die mittlerweile sprichwörtlich gewordenen Bestandteile der ‚objektiven‘ Kriegsreportage, die sich mit jenen des klassischen Reiseberichts überlappen, mit enthält:[22] Neben der Versicherung über die Unmittelbarkeit der Erfahrung, die unter erschütternden, riskanten oder zumindest unbequemen Umständen gesammelt werden musste, steht die Apologetik der Erzählweise, die mit ihrer auch nachträglich nicht geglätteten „Härte"[23] und Einfachheit ebenfalls als Nachweis für das direkte Erleben einstehen soll.

Hinsichtlich der Selbstprofilierung von Roß sind darüber hinaus drei weitere Momente bezeichnend: Zwei Artikel, die von den Jungtürken und den Ursachen der Niederlage han-

---

21 Vgl. gl: „Im Balkankrieg". In: Münchner Neueste Nachrichten v. 19.1.1913 MB, S. 4. Die *Arbeiter-Zeitung*, das Organ der österreichischen Sozialdemokraten, beruft sich mit Kritik auf das Buch in einer Sammelrezension, die Roß als Beispiel für den verharmlosenden „bürgerlichen" Diskurs über den Balkankrieg anführt; vgl. NN: „Bitte nicht so grausam!" In: Arbeiter-Zeitung (Wien) v. 17.8.1913 MB, S. 6.
22 Vgl. Heymel, Charlotte: Touristen an der Front. Das Kriegserlebnis 1914–1918 als Reiseerfahrung in zeitgenössischen Reiseberichten. Berlin / Hamburg / Münster: Lit 2007, S. 24.
23 Roß, Colin: Im Balkankrieg. München: Mörike 1913a, S. 5.

deln, wurden als Ergebnis der „Distanz von den Ereignissen, die ihre ruhigere und gerechtere Beurteilung ermöglichte",[24] ausgewiesen. Dagegen wurde einer der ersten Berichte aus Konstantinopel, eine im Plauderton erzählte und gewissen Männlichkeitsgefühlen nicht abholde Geschichte vom geschickten Pferdekauf inmitten der größten Pferdeknappheit,[25] in den Sammelband nicht aufgenommen. Darüber hinaus werden die Leseerwartungen bezüglich spannungsgeladener Gefahrensituationen bewusst enttäuscht: Infolge einer taktisch unüberlegten Truppenbewegung droht das feindliche Feuer die Mannschaft zu vernichten, was nur durch die nicht ordnungsgemäße Explosion eines schweren Geschosses ausbleibt. Der Kommentar zielt explizit auf die Rücknahme von Heroisierung, die womöglich gerade mit einem gegenteiligen Effekt einhergehen durfte:

> Meine Wenigkeit war unter dieser leichtsinnigen Gesellschaft mitten drunter, wie ich zu meiner Schande gestehen muß. [...] Zuerst wollte ich nichts von der Geschichte schreiben, wenigstens meine Beteiligung verschweigen; denn wenn ich von nichts als Strapazen, Abenteuern und Gefahren erzähle, so glauben die Leser schließlich, der Kerl schneidet auf.[26]

Nicht nur die Entscheidung, das Abenteuer-Element ausdrücklich zu reduzieren und die verstreuten Berichte vor dem Ephemeren der Tagespresse in ein gebundenes Format hinüberzuretten, sondern auch die aufs Ernste abzielende Strategie der Textauswahl und die über den kriegsalltäglichen Tellerrand hinausblickende Kontextualisierung der Geschehnisse weisen allesamt auf den Versuch von Roß hin, ein

---

24 Ebd., S. 5.
25 Roß, Colin: „Wie ich zu einem Gaul kam". In: Münchner Neueste Nachrichten v. 3.11.1912 MB, S. 1.
26 Roß 1913a, S. 76.

prestigeträchtiges Bild des Kriegsjournalisten mit historischer und militärischer Expertise erstehen zu lassen.

Dass Roß sich das Fachmännische auf die Fahne schrieb, erhielt einen noch stärkeren Akzent, als er zusätzlich zu seiner Berichtsammlung einen die ‚breite Öffentlichkeit' ansprechenden Wegweiser durch den Balkankrieg in die Hände der LeserInnen von ‚Schaffsteins Grünen Bändchen' gab, einer Buchreihe, die auf gemeinverständliche Editionen von „Quellen zur Geschichte und Geographie: Chroniken, Kriegstagebücher[n], Reisebeschreibungen, Berichte[n] berühmter Entdecker u. a."[27] spezialisiert war. Auf kaum mehr als zehn Seiten führt Roß durch die gesamte türkische Geschichte, um anschließend vor dem Hintergrund der Schilderung Konstantinopels und der Provinzlandschaft über die Rückständigkeit von Albanien und die widersprüchliche Situation der muslimischen Frauen zu sinnieren. Diesen größtenteils durch Sekundärquellen inspirierten Ausführungen folgt schließlich die eigentliche Thematik. Wie ein wahrer Insider legt Roß die Probleme der ethnisch und religiös heterogenen türkischen Armee mit ihrer unprofessionellen Führungsriege dar, um im Ton eines Militärberaters über das endgültige Finale der „Glanzzeit" des Heeres zu dozieren:

[I]m Zeitalter des Schnellfeuergeschützes und des Maschinengewehres läßt sich mangelnde militärische Ausbildung eben

---

27 Roß, Colin Dr.: Der Balkankrieg 1912–13. Bilder von der untergehenden Türkenherrschaft in Europa. Mit Federzeichnungen v. Max Bürger. 3. Aufl. Cöln a. Rh.: Schaffstein 1913b [erste Auflage wohl 1913, dritte Auflage nach 1915], Vorsatz. Zum Stellenwert der Reihe innerhalb des Verlagsprofils vgl. Stark, Roland / Hermann-Schaffstein-Verlag (Hg.): Der Schaffstein-Verlag. Verlagsgeschichte und Bibliographie der Publikationen, 1894–1973. Frankfurt a. M. et al.: Peter Lang 2003, S. 101–106.

nicht mehr lediglich durch religiösen Fanatismus ersetzen.
Nicht mehr wie ehemals ernährt der Krieg den Krieg.[28]

Wie in der Sammlung seiner Kriegsberichte schließt Roß auch hier mit Prognosen über die Zukunft der Türkei, mit dem Hinweis, dass „die Neuordnung des gesamten türkischen Reiches",[29] an der auch Deutschland als Gegengewicht zu Großbritannien interessiert sei, im ethnisch homogenen Kleinasien anfangen müsse, weil hier das geringste Risiko für einen ethnischen und religiösen Konflikt bestehe. Etwas verwirrend fällt jedoch der Lobgesang auf den anatolischen Bauern, den „Träger aller guten Eigenschaften des Osmanentums", „den idealste[n] Untertan" aus, da Roß gleichzeitig beklagt, dass die „westeuropäische Kultur" augenscheinlich unerträglich für die Türken sei, was ihnen womöglich das Schicksal der Indianer beschere, und dass in den „modernisierten" sozialen Gruppen die ausgezeichneten Stammeseigenschaften verloren gegangen seien.[30] Diese und vergleichbare Passagen legen immer wieder Zeugnis von der nicht besonders ausgeprägten logischen Stringenz der Roß'schen Argumentationen ab.

Das aus dem Geschichtlichen entwickelte prognostische Interesse von Roß scheint jedoch im Umfeld seines kurzen Aufenthalts in Deutschland und des darauffolgenden mexikanischen Exkurses zunächst verdrängt durch die Rückkehr zur Wissenschaftspopularisierung[31] und dann die tagespolitisch bedingte Reise- und Abenteuerlust: Sein kurzfristiges über-

---

28 Roß 1913b, S. 49.
29 Ebd., S. 73.
30 Ebd., S. 75.
31 Roß schreibt Feuilletons v. a. über technische Innovationen für die Münchener Illustrierte *Zeit im Bild*, bei der er nach eigenen Angaben auch als Hauptschriftleiter eingesetzt wird (vgl. Roß 1934, S. 18), in deren Impressum er jedoch nicht aufscheint.

seeisches Unternehmen, das erst in den 1930ern in Form von Rückblicken seinen detailreichen Niederschlag findet,[32] endet mit der Rückfahrt nach Europa, wo Roß gerade noch rechtzeitig auf die serbische Front befördert werden kann.

Von Front zu Front

Mit Erfahrungen aus zwei militärischen Auseinandersetzungen im Tornister setzt Roß seine Tätigkeit als Kriegsberichterstatter fort, allerdings unter maßgeblich geänderten Bedingungen: Den Status des Sonderberichterstatters der liberalen *Vossischen Zeitung*, auf deren erste Seite er ab Oktober 1915 oft und wohl dank seines Bruders Fritz, des Ehemannes einer der Ullstein-Töchter[33] kommt, muss er nämlich mit dem des Offiziers kombinieren, der dem sprichwörtlichen „Augusterlebnis" erliegt und an der Seite der Mittelmächte in den Kampf zieht, selbst wenn er sich vor der allgemeinen Mobilmachung ‚lediglich' auf eine im Rahmen des Kriegspressequartiers auszuübende kriegsjournalistische Tätigkeit eingestellt habe.[34] Darüber hinaus muss er auch mit einer mittlerweile deutlich angewachsenen Konkurrenz rechnen: Alleine in der *Vossischen Zeitung* berichten engagierte deut-

---

32 Vgl. Roß 1934, S. 22–24; ders.: Der Balkan Amerikas. Mit Kind und Kegel durch Mexiko und Panamakanal [1937]. 7. Aufl. Leipzig: Brockhaus 1938, S. 81–111.

33 Zur Fritz Roß' Rolle vgl. Axel-Springer-Verlag / Lindner, Erik (Hg.): Presse- und Verlagsgeschichte im Zeichen der Eule. 125 Jahre Ullstein. Berlin: Springer 2002, S. 140–141 und S. 145–147; zu seiner Tätigkeit in Wien vgl. Matauschek, Isabella: „Ullstein in Wien". In: ebd., S. 88–91. Die früheren Berichte von Roß wurden in der *Illustrierten Geschichte des Weltkrieges 1914/15* publiziert.

34 Roß, Colin: Wir draußen. Zwei Jahre Kriegserleben an vier Fronten. Berlin / Wien: Ullstein & Co 1916, S. 16.

sche Reporter wie Oskar Bongard, Max Osborn, Max Nordau oder Eugen Lennhoff von den gleichen Frontabschnitten und auch das k. u. k. Kriegspressequartier ist mit Berichten von Roda Roda (Sándor Friedrich Rosenfeld), Rudolf Hans Bartsch und Ferenc (Franz) Molnár extensiv vertreten.[35]

Die bis zu seiner Verwundung an der Ostfront veröffentlichten und von ausländischen Zeitungen mehrfach übernommenen oder referierten Artikel werden, um das Dreifache erweitert, in einem eigenständigen Band zusammengefasst, und zwar im Juli 1916, wenn der deutschsprachige Buchmarkt mit vergleichbaren Publikationen bereits überschwemmt ist.[36] Das obligate Roß'sche Vorwort bringt die gängigen Klischees vom Augenzeugentum, dem daraus gespeisten Glaubwürdigkeitsanspruch und der armseligen Mikroperspektive des gemeinen Mannes (die Aufzeichnungen seien „doch ein Nichts gegenüber dem großen Weltgeschehen").[37]

Die Prototypik der Kriegsreportagen aus dem Ersten Weltkrieg erleidet auch im ersten Schriftstück, das nachträglich der Sammlung hinzugefügt wurde, keinen Abbruch: Patriotismus, Kriegsbegeisterung und Abenteuerlust sind gleichsam die Triebkräfte, die das unerschütterliche Siegesbewusstsein

---

35 Obwohl die Forschung die Propagandatätigkeit sämtlicher kriegsführenden Länder mittlerweile und anlässlich der Jubiläumsjahre minutiös aufgearbeitet hat, fehlt es an detaillierten Untersuchungen über die kleineren ‚Kriegstagelöhner' der Presse und v. a. über die Austauschmanöver zwischen den maß- und tongebenden Zeitungen und Organisationen.

36 Vgl. Heymel 2007, S. 15; zu den Einzeltiteln vgl. Schneider, Thomas F. et al.: Die Autoren und Bücher der deutschsprachigen Literatur zum Ersten Weltkrieg 1914–1939. Ein biobibliographisches Handbuch. Göttingen: V & R Unipress / Osnabrück: Universitätsverl. Osnabrück 2008.

37 Roß 1916, S. 11–12.

speisen. Trotzdem ist Roß weit von einem Kriegshetzer entfernt, im Gegenteil:[38] Einigen der im Telegrammstil pointilistisch verfassten Sätzen könnte man sogar die Absicht ablesen, sich gegen die kommende bewaffnete Auseinandersetzung auszusprechen. Insgesamt legen die Berichte mit wenigen Ausnahmen und trotz hochtrabender Betitelungen eine grundsätzliche Distanzhaltung sowohl zur blinden Siegesgewissheit als auch zur heroisierenden Deutung der Kriegsvorgänge an den Tag. Auch das Fehlen der Dämonisierung des Feindes, die in den zeitgenössischen Dokumenten so dominant ist, deutet auf eine bewusste Zurückhaltung hin.[39]

Dies mag allerdings mit der größtenteils nachträglichen Verfassung der Texte zusammenhängen, aber wohl mehr mit der in der Literaturgeschichtsschreibung vielfach konstatierten Grundeigenschaft des Stellungskriegs, zu individuellen oder kollektiven Heldentaten und zur spektakulären Kriegsmalerei in den kriegsliterarischen Zeugnissen wenig Anlass zu geben.[40] Auch dass durch die jeweiligen Truppen-

---

38 Zur diskursiven Aufarbeitung der Kriegserklärung vgl. Vondung, Klaus: „Einleitung. Propaganda oder Sinndeutung?" In: ders. (Hg.): Kriegserlebnis. Der Erste Weltkrieg in der literarischen Gestaltung und symbolischen Deutung der Nationen. Göttingen: Vandenhoeck & Ruprecht 1980, S. 11–37.

39 Zum rassistisch argumentierenden, u. a. von Thomas Mann unterzeichneten *Aufruf an die Kulturwelt!* vgl. Menrath, Manuel: „Von ‚wilden Bestien' und fremden Freunden. Die Wahrnehmung farbiger Kolonialsoldaten in der deutschsprachigen Schweiz im Vergleich mit Deutschland, 1871–1940". In: ders. (Hg.): Afrika im Blick. Afrikabilder im deutschsprachigen Europa, 1870–1970. Zürich: Chronos 2012, S. 123–150.

40 Vgl. u. a. Delabar, Walter: Klassische Moderne. Deutschsprachige Literatur 1918–33. Berlin: de Gruyter 2010, E-Book-Ausgabe, S. 41–46.

verlegungen Roß meistens ausgerechnet unmittelbar vor den makrohistorisch bedeutsamen Schlachten die Schauplätze wechseln musste, kann die prinzipielle ‚Unaufgeregtheit' der Berichte erklären. Diese kombinieren nämlich nicht besonders innovative Landschaftsbeschreibungen und Alltagsszenen mit kargen und peniblen Aufzählungen der kleinsten Truppenbewegungen sowie mit vorsichtigen militärstrategischen, aber stellenweise auch pathetisch-sentimental gehaltenen Überlegungen zur Kriegslage. Die kompensatorische Erklärung dieser Armut, die allerdings nicht mit der vielzitierten, von Walter Benjamin beschriebenen Aufarbeitungsimpotenz[41] zu verwechseln ist, findet ihren etwas unbeholfenen Ausdruck in einer Aufzeichnung vor Przemyśl:

> Wir leben in überkommenen Anschauungen und Werten. Für das Neue, Ungewöhnte, bisher nicht Erlebte fehlt das Bild und das Ausdrucksmittel. Bis nicht das Wort, das Symbol dafür gefunden ist, stehen wir hilflos stammelnd und staunend. So geht es mit dem Erleben und der Schilderung der Schlacht und des Krieges heute. Die überkommenen, klischeehaften Ausdrucksmittel vom Donnern der Geschütze und brausenden Lärm der Schlacht sind so schwächlich und andererseits wieder so übertrieben und unzutreffend, daß man nach vollkommen neuen Worten suchen muß, um nur einigermaßen ein Bild des Erlebten zu geben.[42]

Angesichts der diesen sprachskeptischen Gedanken folgenden 200 Seiten, die mit in ihrem Aufbau weitgehend analogen Texten aufwarten, kann jedoch der Erfolg der

---

41 Vgl. Benjamin, Walter: „Erfahrung und Armut" [1933]. In: ders.: Gesammelte Schriften. Bd. II.1: Aufsätze, Essays, Vorträge. Hg. v. Rolf Tiedemann und Hermann Schweppenhäuser. Frankfurt a. M.: Suhrkamp 1991, S. 213–219.
42 Roß 1916, S. 229.

angesprochenen Suche nach neuen Ausdrucksmitteln bezweifelt werden.

Die Zeit der Rekonvaleszenz im Spätfrühling 1916 wird indessen neben der Zusammenstellung der Buchpublikation auch für einen großangelegten Vortrag über die Kämpfe vor Verdun genutzt, der in der Berliner Philharmonie vor Notabilitäten des öffentlichen Lebens – und wohl mit tatkräftiger Unterstützung der *Vossischen Zeitung* – gehalten wird.[43] Nicht nur die Besprechung dieses Auftritts, sondern auch die Kritiken von *Wir draußen* legen die Vermutung nahe, dass die Zurückhaltung in der Roß'schen Rhetorik an beiden Seiten der österreichisch-deutschen Grenze als Stärke empfunden wurde.[44] Das *Neue Wiener Journal* bringt bspw. eine ungewöhnlich ausführliche Kritik, die „die unerbittliche Wahrheit" des Buches, „dieser meisterhaften Kriegsbilder", in der sachlichen Abwägung von „Theorie und Praxis" erblickt: Roß sei es mit seinen militärstrategischen Überlegungen gelungen, der gesteigerten Technisierung des Krieges und den daraus folgenden Anforderungen Rechnung zu tragen.[45]

Zurück an der Front beschickt Roß die *Vossische Zeitung* weiterhin mit Kriegsberichten, diesmal auch mit einem über ein für ihn so seltenes erfolgreiches Manöver an der italienischen Front, das ihn veranlasst, die als distanziert wahr-

---

43 Vgl. gr. / my / NN: „Von den Kämpfen um Verdun. Der Vortrag von Colin Roß". In: Vossische Zeitung v. 10.5.1916 MA, S. 4; NN: „Meterweise". In: Arbeiter-Zeitung (Wien) v. 12.5.1916 MB, S. 1–2.
44 Vgl. u. a. rz.: „Wir draußen". In: Fremden-Blatt (Wien) v. 22.10.1916, S. 10.
45 Vgl. x. s.: „Die moderne Schlacht in Theorie und Praxis". In: Neues Wiener Journal v. 18.10.1916, S. 2–3.

genommene Tonlage zu wechseln und dem Artikel einen dramatischen Auftakt zu verpassen:

> An jenem Vorabend des 24. Oktober, den die Weltgeschichte, so überreich dieser Krieg an gewaltigem Geschehen auch sein mag, doch für ewige Zeiten unverlöschlich in ihre Tafel schreiben wird, stiegen die felszerklüfteten Hänge des *Kolovrat-Rückens* wie Mauern starr und steil in den Dämmer der Nacht. Ehrlich eingestanden, ergriff nicht jeden, der zum ersten Mal diese Berge sah, trotz allem Vertrauen, trotz aller Zuversicht ein leises Grauen bei dem Gedanken, dieser Berg, dieser uneinnehmbare Fels solle gestürmt werden?[46]

Mit rhetorischen Fragen reichlich bespickt und die Unzulänglichkeit seiner Worte beteuernd schildert der Text die zwölfte und letzte Isonzoschlacht und unterlässt es nicht, mit nationalistischer Verve geschichtliche Parallelen zu den Teutonen zu ziehen. „Es ist das Unerhörteste, was ich je gesehen"[47] – derartig überhöhte Formulierungen waren den Berichten der ersten beiden Kriegsjahre völlig fremd, und auch eine Schilderung am bitteren Kriegsende, die ein Rückzugsgefecht in Frankreich als ein heroisches Meisterstück der modernen Kriegskunst auslegt,[48] wäre für *Wir draußen* unvorstellbar gewesen. Die zur Halbzeit des Krieges aufgestellte Diagnose von Walter von Hollander scheint sich für Roß' spätes Schreiben zu bewahrheiten: Der Schriftsteller und Literaturkritiker sieht in der flutartig publizierten Kriegslitera-

---

46 Roß, Colin: „Sieg in Italien". In: Vossische Zeitung v. 13.11.1917 AA, S. 1–2, hier S. 1. Zur Tradition des geschichtlichen Argumentes in Kriegsberichten vgl. Daniel 2005, insb. S. 96–97.
47 Roß 1917, S. 2.
48 Für die Zusammenfassung des Roß'schen Artikels aus der *Berliner Morgenpost* v. 9.9.1918 vgl. NN: „‚Ein Meisterwerk in der Kriegsgeschichte'". In: Rigasche Zeitung v. 10.9.1918, S. 7.

tur unterschiedlichsten Couleurs eine Tendenz zum Pathos, die noch zu Kriegsbeginn legitim gewesen sei, selbst wenn die „meisten [Schriftsteller] ins Heldisch-Unwahre emporgerissen wurden",[49] die aber zunehmend zum Zeichen und „Stil der Unsicherheit" ausgeartet sei und somit die „Wahrheit" verdecke.[50]

Dass sich Roß von der vermeintlich sachlichen Berichterstattung ins Propagandistische steigert, mag als ein Verzweiflungsakt eingeschätzt werden, gleichzeitig aber hat dies auch mit seiner Anstellung in der Informationsabteilung der Militärischen Stelle des Auswärtigen Amts (später Auslandsabteilung der Obersten Heeresleitung) zu tun, wo Roß – gemeinsam mit seinen später in der rechtskonservativen Szene berühmt gewordenen Kollegen Arthur Moeller van den Bruck, Börries von Münchhausen und Waldemar Bonsels – den Aufgaben „zwischen Nachrichtendienst und Auslandspropaganda"[51] nachzukommen hatte.

Der Drang nach einer Anerkennung als Experte, der den Roß'schen Journalismus seit den frühen Technikfeuilletons prägte, konnte damit in Erfüllung gehen. Das Image des reisenden Reporters mit Expertise in ingenieurswissenschaftlichen, militärischen und politischen Angelegenheiten erwies sich in der deutschsprachigen Rezeption dieser frühen Karriereetappe von Roß insgesamt als grenzüberschreitend zustimmungsfähig. Die tagespolitische Schere zwischen Österreich und Deutschland war im Ersten Weltkrieg noch kriegsbedingt zugeklappt und die Gattung des Kriegsberichts

---

49 Hollander, Walter v.: „Die Entwicklung der Kriegsliteratur". In: Die neue Rundschau 2/27 (1916), S. 1274–1279, hier S. 1278.
50 Ebd., S. 1279.
51 Baumunk 1999, S. 13; vgl. ebd., S. 15–19.

flexibel genug, um darin spezifische Profilierungen des Reporters unterzubringen.

Lagerraum Nr. 1: Krieg, Reise und ihre flexiblen Gattungen

Obwohl die Forderung der literaturgeschichtlichen Forschung, zwischen journalistischer Reisereportage und literarischem Reisebericht eine dezidierte Unterscheidung zu treffen,[52] um der Gleichsetzung des sozialen, autobiografischen Reisenden und der medialen Figur im Text vorzubeugen,[53] für die meisten belletristischen Aufbereitungen von Reiseerfahrungen ihre Berechtigung behält, kann für die Analyse der publizistisch geprägten Berichte die Auseinandersetzung mit der funktionalen Vermischung der beiden Extrempole zielführender sein. Denn der Anspruch auf Glaubwürdigkeit speist sich vielmehr aus einem zeitlich und räumlich bestimmten Handlungszusammenhang, der für die jeweilige Sprechposition den Einsatz von Mitteln aus der fiktiven und der faktischen Literaturproduktion mit unterschiedlicher Gewichtung erforderlich macht.[54] Das

---

52 Vgl. u. a. Berg, Anna de: „Nach Galizien". Entwicklung der Reiseliteratur am Beispiel der deutschsprachigen Reiseberichte vom 18. bis zum 21. Jahrhundert. Frankfurt a. M. et al.: Peter Lang 2010, S. 49.

53 Vgl. Opitz, Alfred: Reiseschreiber. Variationen einer literarischen Figur der Moderne vom 18.-20. Jahrhundert. Trier: WVT 1997, S. 10.

54 Vgl. Brenner, Peter J.: „Die Erfahrung der Fremde. Zur Entwicklung einer Wahrnehmungsform in der Geschichte des Reiseberichts". In: ders. (Hg.): Der Reisebericht. Die Entwicklung einer Gattung in der deutschen Literatur. Frankfurt a. M.: Suhrkamp 1989, S. 14–49, hier S. 27–28.

traditionsreiche „Formenarsenal"[55] der Reiseliteratur stellt dementsprechend eine Vielzahl an Topoi bereit, die je nach Einsatzbereich funktionalisiert werden und von ihm abhängig einen je spezifischen Stellenwert erhalten. Wie mittlerweile in einer Reihe von Einzelstudien nachgewiesen werden konnte, ist bspw. eine scharfe Trennung „zwischen unterhaltender Reiseliteratur und wissenschaftlichem Reisebericht"[56] bereits im 19. Jahrhundert mit seinen konventionellen literarisch-referentiellen Beglaubigungsstrategien kaum möglich.

Die Feststellung der Affinität zwischen Kriegs- und Reiseberichterstattung konnte sich gerade deshalb als literaturgeschichtlicher Konsens etablieren. Am Beispiel der nachklassizistischen Literaturproduktion stellt Peter J. Brenner eine Tendenz fest, die für das beginnende 20. Jahrhundert und v. a. für die Kriegsreportage im Ersten Weltkrieg ausschlaggebend wird: Die auf die intensivierten Reisemöglichkeiten zurückzuführende Sättigung des reiseliterarischen Markts ebenso wie die zunehmende Ausdifferenzierung der Medienangebote bewirkten nicht nur eine Schwächung des Informationsmonopols des Reiseberichts, sondern auch eine deutliche Auffächerung der Gattung in unterschiedliche Sub-

---

55 Brenner, Peter J.: „Einleitung". In: ders. (Hg.) 1989, S. 7–13, hier S. 10.
56 Siebert, Ulla: „Reisetexte als ‚true fictions'. Wahrheit und Authentizität in Reisetexten von Frauen, 1871–1914". In: Köck, Christoph (Hg.): Reisebilder. Produktion und Reproduktion touristischer Wahrnehmung. Münster et al.: Waxmann 2001, S. 153–165, hier S. 155; für die Zwischenkriegszeit vgl. Unterberger, Rebecca: „‚Amerika, du hast es besser'? ‚Reiseschreibung' aus der Neuen Welt". In: Kucher, Primus-Heinz / Bertschik, Julia (Hg.): „Baustelle Kultur". Diskurslagen in der österreichischen Literatur 1918–1933/38. Bielefeld: Aisthesis 2011, S. 125–158.

und Mischgenres.[57] Die gattungsgeschichtlichen Konstanten wie Chronologie und die Route als Ordnungsprinzip, die Begegnung mit dem Fremden und die Exotik, die unterschiedlichsten Ausgestaltungen der Wissensvermittlung oder die ideologische Indienstnahme des Reisens erfuhren dadurch eine quantitative Verfestigung und gleichzeitig eine deutliche Flexibilisierung. Auf diesen sozial- und medienhistorisch bedingten Prozess der Steigerung der Absorptionsmöglichkeit des Genres ist es zurückzuführen, dass späte Ausläufer des bildungsbürgerlichen Reiseberichts, wissenschaftliche Forschungsberichte und Reiseerzählungen mit ästhetischem Anspruch zeitlich koexistierten und sich formal und inhaltlich mischten. Dies galt auch für Berichte mit historischem Profil, für mehrfach den Bedürfnissen des Massentourismus nachkommende Reportagen sowie für Berichte, welche die Traditionen der Abenteuer- und Kolportageliteratur in ihre Präsentationsweise integrierten.

Der Befund von Sabine Autsch, der Krieg wäre mehrfach als „Ausflug" im Sinne eines kollektiven und individuellen Verarbeitungsmusters wahrgenommen und dargestellt worden,[58] konnte auch in der Arbeit von Charlotte Heymel am Beispiel von über hundert Kriegsberichten mit Blick auf ihre Erzählanalogien und -differenzen bekräftigt werden. Diese bilden sich im Zusammenhang mit der Rückgewinnung des Informationsmonopols des Reiseberichts in seiner Funktion als Kriegsbericht vielfältig aus. Die literatur- und sozialgeschichtsträchtigen Überlappungen zwischen Krieg und

---

57 Vgl. Brenner, Peter J.: Der Reisebericht in der deutschen Literatur. Ein Forschungsüberblick als Vorstudie zu einer Gattungsgeschichte. Berlin: de Gruyter 1990, E-Book-Ausgabe, S. 275.
58 Autsch, Sabine: Zum Deutungskonstrukt der Reise in biographischen Quellen. In: dies. (Hg.): Der Krieg als Reise. Der Erste Weltkrieg – Innenansichten. Siegen: Böschen 1999, S. 64–81.

Reise, die bereits seit dem Mittelalter („aventuire") für die Kreuzung von „militärischen und wissenserweiternden Motiven"[59] etymologisch belegbar sind, hätten in der Wandervogelbewegung (und in vergleichbaren Zusammenschlüssen von Naturfreunden, in jugendkulturellen Vereinen, in heimatkundlichen Verbänden usw.) ihre Fortsetzung gefunden, die allerdings unter dem Zeichen von traditionstreuer Gemeinschaftsbildung und Modernisierungskritik eine spezifische Note erhielt.[60] Selbst wenn Heymels Feststellung, wonach „Vagantentum, Abenteuerromantik und Brauchtümlichkeit […] direkt ins Fronterlebnis führten",[61] viel zu sehr auf die nicht nur mentale Militarisierung der Kriegsreisenden aus dem Umfeld der Wandervogelbewegung abzielt, kann die Definition des Reiseziels ‚Krieg' „als Surrogat[s] für die in Kriegszeiten unweigerlich verloren gehenden konventionellen Reiseziele"[62] im Sinne einer Grundkonstellation der Kriegsberichterstattung gelten. Doch die von Heymel einleuchtend ausgearbeiteten konventionellen wie regelverletzenden Beispiele innerhalb des Komplexes ‚Kriegsbericht' greifen für die offiziellen Kriegsreporter als Außenseiter, wie Roß einer im Balkankrieg war, nur bedingt, und ebenso sind der Typisierung der Roß'schen Ausdrucksformen im Ersten Weltkrieg, wo er die Funktion eines Offiziers und eines mit spezifischen Interessen ausgestatteten Sonderberichterstatters kombinieren musste, Grenzen gesetzt.[63] Der „unreflektierte Rückgriff auf tradierte Muster" der Gattung, die „analoge[n] Themen-

---

59 Heymel 2007, S. 28; vgl. auch S. 27 sowie S. 145.
60 Vgl. ebd., S. 40–47.
61 Ebd., S. 48.
62 Ebd., S. 61.
63 Dass Roß' *Wir draußen* unter den von Heymel angeführten Beispielen oft als Ausnahmefall figuriert, muss vorwiegend auf diesen Umstand zurückgeführt werden.

komplexe" wie ‚Land und Leute' und die interpretative, „ordnungsstiftende Funktion"[64] können zwar durchaus als feste Bestandteile dieser Texte gelten, aber der Fokus auf diese Fixpunkte blendet womöglich die strategisch eingesetzten Mischformen zwischen Konvention und Innovation ebenso aus wie die ereignisgeschichtlich oder biografisch bedingten Kontinuitäten und Zäsuren.

Damit will nicht behauptet werden, dass die Kriegsberichte von Roß eine singuläre Erscheinung darstellen, sondern vielmehr, dass die einzelnen typologisch fassbaren Konstanten – wie bedrohende Szenarien mit dem Moment der Unberechenbarkeit, das Motiv des Abenteuers, die oft in additiven Aufzählungen anzutreffenden touristischen Landmarks oder die Dämonisierung des Feindes und die Utopien der Disziplinierung durch den Krieg[65] – zugunsten einer spezifischen Absicht der Selbstprofilierung aus- oder überblendet werden. Wie die populärwissenschaftlichen Feuilletons, die Balkanmaterialien und die Weltkriegsberichte von Roß nachweisen, ist hier ein dezidierter Anspruch auf die Anerkennung als Experte am Werk, der anstelle der (kriegs-)touristisch geprägten Reisetätigkeit die im Dienst einer Profession stehende bevorzugt und dadurch versucht, gegenüber dem von George L. Mosse diagnostizierten „Prozess der Trivialisierung"[66] des Kriegserlebnisses einen Akzent zu setzen. In diesem Kontext lässt sich bspw. das

---

64 Heymel 2007, S. 23, S. 89 und S. 172.
65 Vgl. ebd., S. 76–79, S. 85, S. 90–91, S. 95 und S. 152–155 sowie S. 263–274 und S. 329.
66 Mosse, George L.: Gefallen für das Vaterland. Nationales Heldentum und namenloses Sterben [1990]. Übers. v. Udo Rennert. Stuttgart: Klett-Cotta 1993, S. 155. Vgl. auch Heymels Diagnose von einer „Entmilitarisierung des ursprünglich militärischen Fremdraumes ‚Krieg'" in Heymel 2007, S. 347.

mal sachlich mal pathetisch-propagandistisch inszenierte Abrücken von der Alltäglichkeit des Krieges[67] und vom Abenteuer-Element als Profilierungsversuch des Sachverständigen deuten. Dies mag weitgehend mit jenem Moment verwandt sein, das die ethnografisch-anthropologisch ausgerichteten Oral-History-Interviews von Konrad Köstlin zu Tage förderten, nämlich dass das Reiseerzählen, mitunter auch mit kriegstraumatischen Erfahrungen, eine integrative Kraft für das Individuum und die Gesellschaft aufweise, indem es durch seine Verarbeitungsfunktion die Kriegserfahrung für das gegebene Milieu konsumierbar macht und dem Erzähler eine Neuanpassung ermöglicht.[68] Selbst wenn dadurch die Kriegserzählungen ‚salonfähig' und gewissermaßen verharmlost werden können,[69] darf die interpretative und somit gemeinschafts- und identitätsbildende Funktion von Kriegsnarrativen nicht unterschätzt werden. Und sie scheint von Roß und seinen KollegInnen, samt den jeweiligen Propagandastellen, bestimmt nicht unterschätzt worden zu sein, v. a. in ihrer manipulativen Kraft nicht.[70]

---

67 Vgl. Autsch 1999, S. 77 und Heymel 2007, S. 112.
68 Vgl. Köstlin, Konrad: „Erzählen vom Krieg – Krieg als Reise II". In: BIOS 2 (1989), S. 173–183; vgl. auch ders.: „Krieg als Reise". In: ders. / Berwing, Margit (Hg.): Reise-Fieber. Begleitheft zur Ausstellung des Lehrstuhls für Volkskunde der Universität Regensburg. Regensburg: Lehrstuhl für Volkskunde 1984, S. 100–114.
69 Vgl. Lauterbach, Burkhart: „Kulturwissenschaftliche Bilder vom Krieg als Reise. Eine Kritik". In: Köck (Hg.) 2001, S. 67–75.
70 Vgl. u.a. Lindner-Wirsching, Almut: „Patrioten im Pool. Deutsche und französische Kriegsberichterstatter im Ersten Weltkrieg". In: Daniel, Ute (Hg.): Augenzeugen. Kriegsberichterstattung vom 18. zum 21. Jahrhundert. Göttingen: Vandenhoeck & Ruprecht 2006, S. 113–140.

Es geht bei Roß ebenso um das ‚Eindeutigkeitsnarrativ', welches die Erfahrungen in eine (propagandistisch inspirierte) Ordnung einfügt, wie um die journalistische Identitätsfindung, die gegen eine im Verhältnis zum Balkankrieg deutlich angewachsene quantitative und qualitative Konkurrenz ankämpfen muss und offensichtlich in Richtung zunehmender berufs-, standes- und medienmäßiger Ausdifferenzierung und Spezialisierung des Reiseberichts[71] mit prononcierter politischer und/oder ideologischer Indienstnahme geht.

Obgleich die Einsicht Erhard Schütz', der zufolge „die gesamte autobiographische und Reiseliteratur der Weimarer Republik unter der Perspektive des Krieges geschrieben und gelesen worden"[72] sei, eine etwas übertriebene Position darstellen mag, kann sie doch vielfach nachgewiesen und für Roß definitiv als gültig bezeichnet werden. Die Kriegserfahrung wird später in allen seinen Schriften als Folie und als Gewähr für die Authentizität des Erzählten angeführt oder zumindest, v. a. in den historischen und wirtschaftlichen Schilderungen der einzelnen bereisten Länder, als zwingender Referenzpunkt herausgestellt. Schütz führt außerdem die ideologische Polarisierung der in die USA und die Sowjetunion führenden „Weltanschauungsreisen" in der Weimarer Republik auf den „entscheidende[n] Impuls" des Krieges zurück,[73] was in der Tat ein brauchbares Interpretations- und Typenmodell zur Verfügung zu stellen vermag, zugleich aber in

---

71 Vgl. Schütz, Erhard: „Autobiographien und Reiseliteratur". In: Weyergraf, Bernhard (Hg.): Literatur der Weimarer Republik 1918–1933. München / Wien: Hanser 1995, S. 549–600, hier S. 571–572; vgl. auch Neuber, Wolfgang: „Zur Gattungspoetik des Reiseberichts. Skizze einer historischen Grundlegung im Horizont von Rhetorik und Topik". In: Brenner (Hg.) 1989, S. 50–67, insb. S. 61–62.
72 Schütz 1995, S. 551.
73 Ebd. und S. 575.

einer Bipolarität gefangen bleibt, die es verhindert, den sich auch während der Weimarer Republik wandelnden und den bspw. in der vergleichenden Perspektive ‚Österreich–Deutschland' divergierenden Produktions- und Rezeptionsbedingungen ebenso Rechnung zu tragen wie den unterschiedlichen Gewichtungen des Kriegsargumentes.

Nichtsdestotrotz ist Schütz insofern zuzustimmen, dass die Konjunktur der Reportage, sei es Kriegsbericht oder Reiseliteratur, ein Zeichen der ideologischen Korruption darstelle: Sie sitze mit ihrem Anspruch auf Unmittelbarkeit und Dokumentarismus gleichsam sich selbst auf, indem sie übersieht, dass sie selbst ein Produkt und Agent der usurpatorisch eingerichteten politischen und wirtschaftlichen Systeme sei und daher nichts anderes als eine grundsätzliche Ohnmacht in der – sonst bitternötigen – Sozialkritik in sich tragen könne.[74] In diesem Sinn avanciere die Presse zu einem ideologisch polarisierten „Ort der Unbewußtseinsbildung", was sich auch an den Selbstlegitimierungsbestrebungen der Zeitungswissenschaft in den 1920er Jahren ablesen lasse.[75]

Bemerkenswert in diesem Kontext scheint mir Roß' Umorientierung unmittelbar nach der Kriegsniederlage, genauer unmittelbar nach seinem gescheiterten Einsatz in der Novemberrevolution und als republikanisch gesinnter Militäranführer beim Vollzugsrat der Räte:[76] Das Versagen als

---

74 Vgl. Schütz, Erhard: Kritik der literarischen Reportage: Reportagen und Reiseberichte aus der Weimarer Republik über die USA und die Sowjetunion. München: Fink 1977, S. 10, S. 16–17 und S. 37.
75 Ebd., S. 20–21.
76 Vgl. Baumunk 1999, S. 29–39. Zwischen Januar und August 1919 gibt Roß eine eigene Zeitschrift u. d. T. *Volkswehr*, später *Reichswehr* heraus, in der er zunächst vor dem „Spartakusterror" und dann vor der bedingungslosen Akzeptanz der Versailler „Schmachparagraphen" warnt.

politischer Experte und Aktivist lässt ihn offensichtlich sein bislang erarbeitetes journalistisches Image, wenn auch nur teilweise und vorübergehend, beiseiteschieben und stattdessen auf einen anderen Konjunkturdampfer der Öffentlichkeit setzen, nämlich auf die Ratgeberliteratur zur Auswanderung nach Südamerika bzw., nach seiner Rückkehr, auf eine extensive Vortragstätigkeit zum gleichen Thema.[77] Roß gibt sich als objektiver, wohlwollender und zu Umsicht mahnender Berater der Auswanderungslustigen, der seine Leser- und Hörerschaft mit praktischen Tipps über landesspezifische administrative Verfahren, klimatische Eigenschaften und Reisevorbereitungen mit allen möglichen Details von der Kleidung bis zu den nötigen und unnötigen Gebrauchsgegenständen versehen will.

Die Diskretion hinsichtlich jedweden politischen Bekenntnisses bleibt seltsamerweise auch nach seiner Rückkehr nach Europa und während seiner Fahrt in die Ukraine und nach Persien beibehalten, selbst wenn das Zusatzprodukt *Südamerika, die aufsteigende Welt* mit z. T. als drohend skizzierten Zukunftsszenarien der sozialen und ethnischen Spannungen bezeugt, dass Roß' politisches und wirtschaftliches Interesse an den „Krisenherden" der Erde bei weitem nicht erlahmt ist.[78] Stattdessen scheinen in seinen Reiseberichten aus der

---

77 Vgl. Roß, Colin: Südamerikanisches Auswanderer-ABC. Praktische Winke und Ratschläge für Auswanderer nach Südamerika auf Grund von Reisen und Studien in Argentinien, Brasilien, Chile, Uruguay und Bolivien in den Jahren 1919–1921. Stuttgart: Ausland und Heimat AG 1921. Roß ist während seines Südamerikaaufenthalts mit überraschend wenigen Artikeln in der Presse Deutschlands vertreten, stattdessen ist er bestrebt, Kontakte zu südamerikanischen Zeitungen aufzubauen; vgl. auch Baumunk 1999, S. 43–48.
78 Vgl. v. a. das Vorwort, datiert vom März 1922 in Roß, Colin: Südamerika, die aufsteigende Welt. Leipzig: Brockhaus 1922,

Ukraine und Zentralasien sowie in dem daraus geborenen Band *Der Weg nach Osten* drei Momente vorherrschend zu sein: die mit Abenteuern und Gefahren geschwängerte, aber mit entschiedenem Antiheroismus geschilderte exotische Fahrt, die Strapazen mit der Filmkamera als neuem technischen Begleiter und das brache Wirtschaftsleben mit historischen Exkursen und äußerst vorsichtigen Spekulationen über Deutschlands Rolle im Wiederaufbau der ukrainischen Landwirtschaft und Industrie. Nicht nur im Kontext der seit 1917 von Deutschen und Österreichern (wie Holitscher, Paquet und Bauer) unternommenen Reisen nach Russland und in die benachbarten Gebiete, die noch 1922, als Roß aufbricht, als „Sensation"[79] gelten, sondern auch angesichts der einschlägigen Reiseberichte als „Weltanschauungsessays"[80] von rechts resp. links, zeichnen sich Roß' Artikel durch ihren auffallenden Rückzug ins Neutrale bzw. ins vorsichtig proportionierte Exotisch-Abenteuerliche aus. Die Leserschaft des Buches und das Publikum seiner darauffolgenden Dia- und Filmvorträge goutierten das offensichtlich.[81] Womöglich war dies auch der Grund, warum sich Roß mit seinen nächsten Produkten der Weltreise 1923–1924 zunächst als gewissenhafter, den Massengeschmack bedienender Weltreisende mit Kamera positionierte.

S. 3–6. Das Buch wurde bis 1941 acht Mal mit zahlreichen, den Stempel der Tagespolitik tragenden Änderungen aufgelegt.

79 Furler, Bernhard: Augen-Schein. Deutschsprachige Reportagen über Sowjetrußland 1917–1939. Frankfurt a. M.: Athenäum 1987, S. 145.

80 Vgl. Sloterdijk, Peter: „Weltanschauungsessayistik und Zeitdiagnostik". In: Weyergraf (Hg.) 1995, S. 309–339.

81 Auf das Fehlen des strategisch-geopolitischen Denkens im *Weg nach Osten* machte auch Kristin Kopp in ihrem Vortrag an der ESSHC (Valencia) im März 2016 aufmerksam.

Betrieb auf Hochtouren: *Die erwachende Sphinx* und *Mit Kamera, Kind und Kegel durch Afrika*, 1927–1928

> Das wäre mir total schnurz, wenn ich nicht sähe, wer da so alles reist. Eine echte Null wie Colin Ross reisen zu lassen, das ist nur auf Grund der verwandtschaftlichen Beziehungen möglich. Das Zeug ist nicht zu lesen – so langweilig ist es. Nun, da kann man nichts machen.[82]

Welches „Zeug" genau Tucholsky zum Gähnen veranlasste, wurde nicht überliefert, fest steht jedoch, dass die afrikanische Rundreise der Familie Roß in der verwandtschaftlich tatsächlich verbundenen *Vossischen Zeitung* und in der *Berliner Illustrirten Zeitung*, ebenfalls einem Ullstein-Massenprodukt, seit April 1926 intensiv verfolgt wurde. Nicht nur die beiden Presseorgane und die beiden Reisebücher, sondern auch die beiden Stummfilme aus der Reise signalisieren Roß' durchdachte Marketingstrategie, die auf das Bedienen von mindestens zwei Interessenskreisen abzielte (und die Kurt Tucholsky offensichtlich nicht beeindruckte): nämlich auf jenes der erwachsenen LeserInnen der liberalen Tagespresse und jenes der an Sohn Ralph Interessierten, wie dies aus einer 1931 in den Protokollen der Brockhaus-Verlagsleitung festgehaltenen

---

82 Kurt Tucholsky an Mary Tucholsky v. 3.7.1927. In: Tucholsky, Kurt: Gesamtausgabe. Bd. 18: Briefe 1925–1927. Hg. v. Renke Siems / Christa Wetzel. Reinbek b. H.: Rowohlt 2007, S. 256–258, hier S. 258.

Aussprache mit Roß und seiner Ehefrau Lisa (Luisa) hervorgeht.[83]

Das Ehepaar bezeichnet diese Foren als „von einander beinahe unabhängige",[84] was nicht nur auf die Durchlässigkeit der Publikumsgrenzen, sondern auch jene der bevorzugten Adressierungsformate hinweist. Zu dieser Zeit machte sich Roß als Familienreisender bereits einen Namen[85] und muss wohl erkannt haben, dass das exklusive Image des politisch-wirtschaftlichen (und militärischen) Sachverständigen bzw. des Diskretionsreisenden weder für die Finanzierung aufwändiger Familienreisen noch für seine Ambitionen ausreichte. Die Entscheidung, dieses durch ein Inklusionsprofil, das für unterschiedliche soziale Gruppen attraktiv erscheinen konnte, zu ersetzen, scheint auch aufgegangen zu sein. Soweit es unsere bisherigen Recherchen belegen konnten, war die vierköpfige

---

83 Ein dritter Publikumskreis umfasse, so Roß weiter in seinen Empfehlungen für die künftige Propaganda bei Brockhaus, die geopolitisch orientierten Wissenschaftler, die v. a. durch Roß' „weltanschauliches Buch" *Die Welt auf der Waage* und die in der *Zeitschrift für Geopolitik* untergebrachten Aufsätze bedient wurden. Diese Produkte sind allerdings erst ab 1928 zunehmend in der Rezeption präsent. Ich danke Joachim Schätz für den Hinweis auf diese Textstelle.

84 Brockhaus-Protokolle 1: 1927–1935: Colin Ross, 11.2.[19]31, S. 1.

85 Aus der Weltreise 1923–1924 gingen ein Film (*Mit dem Kurbelkasten um die Erde* [1924]), vier Bücher und ein Filmbegleitbuch, allerdings noch ohne das Branding „Kind und Kegel", hervor; vgl. Roß, Colin: Das Meer der Entscheidungen. Leipzig: Brockhaus 1924; ders.: Heute in Indien. Leipzig: Brockhaus 1925; ders.: Mit dem Kurbelkasten um die Erde: Ein Film-Bild-Buch. Berlin: Bild und Buch 1926; ders.: Mit dem Kurbelkasten um die Welt. Berlin: Lichtbild-Bühne 1925; ders.: Fahrten- und Abenteuerbuch. Berlin: Buchmeister 1925.

Familie Roß zumindest bis 1929 die einzige weltweit, die als solche die Strapazen von Fernreisen auf sich nahm und davon auch mithilfe intensiver Reiseliteraturproduktion und entsprechender Werbemaßnahmen als Hauptbeschäftigung leben konnte.[86] Das mundgerechte Servieren einer Reise in unterschiedlichen Formaten erwies sich nämlich als höchst rentabel.

Medienbündel Afrika
Kinderfreundlich unterwegs

Neben der regelmäßigen Fütterung der Presse stellt Roß nicht nur das Buch *Die erwachende Sphinx*, sondern auch seinen ersten „Kind und Kegel"-Band zusammen, wobei er mit dem Titelauftakt *Mit Kamera ...* von seinem bereits errungenen Ruf als Reisefilmemacher zehrt – und die dadurch geweckten Publikumserwartungen auch nicht enttäuschen wird, da er zwei filmische Zeugnisse der Reise, *Die erwachende Sphinx* (1927) und *Als Dreijähriger durch Afrika* (1928) nachreicht.

Das Buch *Mit Kamera, Kind und Kegel durch Afrika* verdient in unserem Kontext aus zwei Gründen Aufmerksamkeit: Es ist zum einen die Rückkehr zum Element des Abenteuers mit einem Familienbonus und zum zweiten der Rückgang des Kriegsargumentes mit einem vorsichtigen Ersatz durch einen rassistischen Subtext. Beide Momente werden deutungsweise an der in Gelblich-Braun gehaltenen Einbandgrafik veranschaulicht, die vom Hausgrafiker des Verlags Georg Baus

---

86 Der Norweger Erling Tambs zog ab 1929 mit seinen Kleinkindern in der Sparte ‚Segelfahrten' ins Wettrennen; vgl. den in Roß' Stammillustrierten abgedruckten, mit Fotos begleiteten Bericht von NN: „Ein Baby Weltumsegler. Familie Tambs fährt in einer Nußschale über zwei Ozeane". In: Berliner Illustrirte Zeitung v. 27.3.1932, S. 348–349.

gezeichnet ist und auf ein Foto zurückgeht (Abb. 1):[87] Im Profil sitzt Ralph, in tropengerechter Ausrüstung mit Helm, Breeches und Gamasche am Nacken eines halbnackten, bis zur Hüfte sichtbaren Schwarzen. Dieser hat den Kopf etwas gesenkt, offensichtlich um dem Kind einen aufrechteren Sitz zu sichern, und hält es bei der Taille, um ihn wohl vor dem Abstürzen zu schützen. Ralph, der in die Ferne blickt, hält sich im Gegenzug am Unterarm seines Trägers fest.

Einbandgrafik zu Mit Kamera, Kind und Kegel durch Afrika *(1928)*

---

87 Die grafische Gestaltung der Brockhaus-Bücher wurde mit Roß regelmäßig abgesprochen; vgl. bspw. Brockhaus-Protokolle 1: 1927–1935: Colin Ross, 9.3.[19]34, S. 8. Die Fotografie wurde als Titelbild für die Werbebroschüre des *Illustrierten Film-Kuriers* gewählt; vgl. Nr. 945 (1928).

Ohne diesem Titelbild eine übertrieben große Bedeutung beimessen zu wollen, darf es doch mit Blick auf den Buchinhalt als symptomatisch bezeichnet werden, denn die wortwörtliche Schwarz-Weiß-Malerei (genauer: Weiß-Schwarz-Malerei) mit kolonial-rassistischem Unterton wird durch den sichtbar behutsamen Umgang zwischen den beiden Figuren etwas abgeschwächt.

Auch aus einem anderen Grund ist die Wahl des Blickfängers Einbandgrafik[88] bezeichnend: Roß schildert die von Südwest- und Südafrika nach Ägypten führende Reise zwar in Ich- oder Wir-Form, bestimmend bleibt jedoch die Kleinkindfamilienperspektive. Dass dies der Fall sein wird, darf der oder die LeserIn zusätzlich aufgrund des Fotos von Roß mit Tochter und Sohn auf dem Frontispiz und v. a. des als Vorwort eingesetzten rhetorischen Meisterstücks *Warum die Kinder mit nach Afrika kamen* vermuten. In einer Art plaudernder Apologetik legt das „für Sachlichkeit" votierende Familienoberhaupt die Gründe des gemeinsamen Reisens dar. Zwar wären nicht nur die damit einhergehenden „Mühen, Strapazen oder auch Gefahren", sondern wäre auch überhaupt das Reisen mit Familie ein vor der Öffentlichkeit bislang verschwiegener Tatbestand gewesen, doch unter dem Druck der Öffentlichkeit, in die etwas darüber „durchgesickert" sei, habe das Ehepaar den Entschluss fassen müssen, etwas von den „persönlichen Erlebnissen preiszugeben". Die Beteuerung Roß', die Entscheidung habe nichts mit „Rekord- oder Sensationssucht" zu tun (er sei „ausgesprochen altmodisch"),[89] fügt sich naht-

---

88 Zur Coverbildgestaltung v. a. des geopolitisch profilierten Goldmann Verlags vgl. Hahnemann 2010, passim.
89 Roß, Colin: Mit Kamera, Kind und Kegel durch Afrika [1928]. 17. Aufl. Leipzig: Brockhaus 1936, S. 3. Der Film *Als Dreijäh-*

los in sein sorgsam aufgebautes Image ein und, mit Blick auf einige reisende JournalistenkollegInnen u. a. in der *Berliner Illustrirten Zeitung*, scheint sie auch nicht an den Haaren herbeigezogen zu sein. Denn die Zeitschrift brachte regelmäßig Sensations- und Rekordberichte im Stil ‚5000 km mit dem Fahrrad' oder ‚Drama in der Luft', während Roß zwar aufmerksamkeitserregende Titel[90] für seine Beiträge wählte, aber eher auf die landeskundliche Schiene mit einem sanften abenteuerlichen Zug setzte.

Im Vordergrund steht also die Gestalt des sorgenden Familienvaters, für den die sachliche Welterkundung mit Strapazen genauso natürlich ist wie das innige Zusammensein im Familienkreis:

> Trotz aller Schwierigkeiten, Mühen und Gefahren gehören diese Zeiten im einsamen Busch zu den schönsten nicht nur der Reise, sondern mit unseres Lebens. Vor allem, weil wir so innig und so eng miteinander lebten, wie es eine Familie in der Zivilisation gar nicht vermag [...]. So wurden uns auch die Kinder zu verständnisvollen Kameraden, in denen sich ein erstaunlich feines und festes Gefühl dafür entwickelte, daß wir zusammengehören und zusammenhalten müssen gegen die ganze übrige Welt. [...] Wir reisen eben nicht im gewöhnlichen Sinne, sondern haben unsern Aufenthalt nur in einen andern Himmelsstrich verlegt, in dem wir unser persönliches und häusliches Leben fortsetzen. Wir erleben daher auch das

---

riger durch Afrika, in dem der Plot um die Figur Ralphs entwickelt wird, sei nach Roß ursprünglich zu „Privatzwecken" gedreht worden; vgl. [Filmbroschüre]. Illustrierter Film-Kurier 945 (1928), [S. 2].

90 Vgl. z. B. Roß, Colin: „Die amerikanischste Stadt nicht in Amerika, sondern in – Afrika". In: Berliner Illustrirte Zeitung v. 9.1.1927, S. 45; ders.: „Afrika, das Weltwarenhaus der alten Kleider". In: Berliner Illustrirte Zeitung v. 8.5.1927, S. 779–781.

fremde Land nicht als Reisende, nicht als Fremde, sondern als darin Wohnende.[91]

Die Intimität des gemeinsamen Reisens, die hier mit nicht wenig Sentimentalität und Pathos bedacht wird, um sie dann in das Alltäglich-Normale zu ziehen, äußert sich in den anekdotisch erzählten Reiseepisoden mit Dialogen zwischen den um den Kinderanhang besorgten Eltern, mit glücklich abgewendeten Gefahren und humoristisch abgefederten Abenteuern. Die mit Happy End ausgestatteten Zwischenfälle sind durchgehend Beispiele dessen, was Joachim Schätz in einem Vortrag treffend die „Domestizierung des Abenteuers" nannte.[92] Dass es sich hier um eine gebändigte Form des Risikoelementes handelt, hat zweifellos mit Roß' Veranlagung zum Antiheroismus zu tun und dies wiederum mit seinem Rollenverständnis als überlegter Berufsreisender und verantwortungsbewusstes Familienoberhaupt:

> Und dann kommt die Lust am Abenteuer. Freilich, ich kann mich nicht beklagen. Ich habe an Abenteuern mehr hinter mir als die meisten Menschen. Aber bin ich letzten Endes nicht immer an der Außenseite geblieben? Ich habe mich noch nie ganz an das Abenteuer verloren, sondern behielt mich und das Abenteuer immer in der Hand.[93]

Um in diesem Sinne die Gestalt des v. a. aus der letzten Weltreise bekannten selbstdisziplinierten Roß in Erinnerung zu rufen, werden drei reiseschriftstellerische Pflichtübungen zusätzlich absolviert: die Schilderung einer rührenden, mit „Heimwehtränen" bewässerten Begegnung mit einem Auslandsdeutschen, allerdings ohne die in anderen Publikationen

---

91 Roß 1936, S. 8–9.
92 Der Vortrag wurde am 16.1.2016 in einem Wiener Workshop unserer Forschungsgruppe gehalten.
93 Roß 1936, S. 61.

für Roß markenzeichenhafte geopolitische Prognostik; zwei kurze Kriegsreminiszenzen, die zugunsten einer Landschafts- bzw. Milieubeschreibung eingesetzt werden, jedoch ohne die obligaten Verlustargumente; und schließlich – extensiver und episodisch – die Berichte über die schwarze Bevölkerung, und zwar in einer Mischung von abgemildertem Exotismus und Rassismus.[94] Beispielhaft für Letzteres ist eine Episode, in der Roß die Gratisdolmetscherdienste eines in Nairobi angestellten und gerade Urlaub machenden Kavirondos zurückweist, und zwar aus Rücksicht auf einen der Kolonial-Engländer, „die keinen Schwarzen in guter, europäischer Kleidung sehen können, ohne in Wut zu geraten".[95] Diese spezifische Rücksicht wird auch beim Namen genannt:

> Es gibt eine weiße Solidarität, die nicht durchbrochen werden darf. Ob recht oder unrecht, man hat die Partei des Rassegenossen zu ergreifen. Aber schade war's schon. Ibbot [der Kolonial-Engländer] war restlos im Unrecht, und Daniel [der Kavirondo] hatte sich tadellos benommen. Wie bekomme ich jetzt einen Dolmetscher![96]

Das Dilemma, das nur scheinbar, weil mit dem Argument von der weißen Überlegenheit jederzeit behebbar ist, wird Roß in *Der erwachenden Sphinx* weiterhin beschäftigen.

Am Tisch der Erwachsenen

Die genannten drei Pflichtübungen rücken in der für das Erwachsenenpublikum gedachten und mit den unentbehrlichen Authentifizierungsmarkern (wie Augenzeugentum, frühere Reiseerfahrungen usw.) versehenen Berichtsfassung

---

94 Ebd., S. 38–40, S. 50 und S. 122.
95 Ebd., S. 126.
96 Ebd.

in den Mittelpunkt, während die Präsenz der Familie beinahe unsichtbar bleibt. Statt des Images eines Kontinents mit zur Jagd einladenden Wildtieren, mit Eingeborenen, die Ralphs Spielzeugkuh „Lerch" bestaunen, und zum Lächeln veranlassenden Zwischenspielen, wird hier ein Bild von Afrika entworfen, das infolge der Emanzipationsbestrebungen der schwarzen Bevölkerung und des Mangels an einheitlicher und vernünftiger (d. h. dem ehemaligen deutsch-ost- bzw. deutsch-westafrikanischen Modell folgender) Kolonialpolitik den Schatten einer Revolte der Schwarzen auf die Zukunft des Kontinents und damit auf die ganze Welt wirft.[97]

Die Dramatik speist sich zunächst aus Roß' Diagnose, der zufolge mit dem Wegfallen der politischen und wirtschaftlichen Einflussnahme Europas auf den anderen Weltteilen nur noch Afrika als Schauplatz des europäischen „imperialistischen und kolonisatorischen Betätigungsdrangs"[98] übrigbleibe. Die Auswirkung der Parole „Volk ohne Raum",[99] welche die Suche des überbevölkerten Europa nach einer Ausbruchsmöglichkeit aus seiner wirtschaftlichen und politischen Nachkriegsmisere impliziert, ist unübersehbar und bleibt ein strukturierendes Leitmotiv der Roß'schen Schriften und Filme bis zum Ende seiner Karriere.

---

97 Es fehlt allerdings nicht an landeskundlichen und für Roß typischen industrie- und landwirtschaftsgeschichtlichen Ausführungen. Außerdem wartet der Bericht mit einem fotografisch reichlich belegten (und auch in den Stummfilm integrierten) Beschneidungsritual auf, das den sprichwörtlichen männlichen und kolonisatorischen Blick in seiner radikalsten Form belegt.
98 Roß, Colin: Die erwachende Sphinx. Durch Afrika vom Kap nach Kairo [1928]. 5. Aufl. Leipzig: Brockhaus 1929, S. 4.
99 Zur Debatte über das Urheberrecht der Parole und ihre Nachgeschichte vgl. Wagner, Hans-Ulrich: „Volk ohne Raum. Zur Geschichte eines Schlagwortes". In: Sprachwissenschaft 17 (1992), S. 68–109.

Die zweite Quelle der Dramatik entspringt den rassischen Spannungen, zusammengefasst in dem plakativen Wort „Farbenschranke", die in den Roß'schen politik- und wirtschaftsgeschichtlich fokussierten – und nicht immer schlüssigen – Beweisführungen den zentralen Punkt auszumachen scheint: Wie es Roß am Beispiel von Südafrika *in extenso* darlegt, sei „ein ‚Weißes Südafrika' ohne ein es ergänzendes und stützendes ‚Schwarzes' nicht möglich",[100] nämlich ohne die jegliche Arbeit verrichtenden, extrem billigen Eingeborenen und, umgekehrt, ohne die über die nötige Expertise verfügende „Herrenrasse", der zugleich durch das Abwälzen physischer Arbeit „die Gefahr der Verweichlichung und Degenerierung" drohe.[101] Das generelle Überangebot an weißen und schwarzen ArbeitnehmerInnen sporne zusätzlich trotz entsprechender Gegenmaßnahmen von der weißen Seite, d. i. trotz bedarfsgemäßer Verschiebungen der „Farbenschranke", soziale und wirtschaftliche Spannungen nur weiter an, denn grundsätzlich wären die Schwarzen weitgehend für alle Arten von Arbeit geeignet. Die Roß'sche Lösung ist allerdings denkbar einfach: Die eher schlechte als rechte Segregation solle weiterhin bestehen, solange keine „bessere oder mindestens gleichwertige Organisation vorbereitet"[102] sei.

Roß ergänzt diesen Gedankengang mit der Kritik der eine „negrophile, humanitäre Richtung"[103] verfolgenden Missionare, die ohne Verantwortungsbewusstsein und wirtschaftspolitische Weitsicht an der Hebung des Bildungsstandards der Eingeborenen arbeiten, was diesem bereits virulenten Konflikt nur noch Vorschub leiste. Die Apologetik von Roß ist an dieser Stelle bemerkenswert:

---

100 Roß 1929, S. 107.
101 Ebd., S. 109.
102 Ebd., S. 113.
103 Ebd., S. 238.

Ich bin alles andere als ein Rassefanatiker. Langjähriger Umgang mit Rassen aller Farben hat mich Achtung und Anerkennung des Farbigen gelehrt. Ich habe Freunde unter Turkmenen, Persern, Indern und Chinesen. Ja ich gehe sogar so weit, die Frage, ob man selbst dem Schwarzen Gleichberechtigung zuerkennen sollte, nicht rundweg abzulehnen.[104]

Die Bedingungen eines solchen „nicht rundweg" abgelehnten Ausgleichs bleiben aber wie vorhin in der Schwebe.

In dem die Reise im ehemaligen Deutsch-Ost-Afrika abschließenden zukunftsgerichteten Sinnieren über die Chancen einer zielführenden Kolonialpolitik werden die bislang herausgestellten Kriterien und springenden Punkte durch Argumente ganz anderer Natur elegant überblendet: Die Kolonisierung sei nämlich ein „moralisches Anrecht" der Weißen, weil die gegenwärtige ‚Wohlfahrt' und Sorglosigkeit der Eingeborenen ihnen zu verdanken seien. Darüber hinaus brauche die Kolonisierung im Falle der deutschen Ambitionen beileibe nicht mit „Verstandesgründen und praktischen Argumenten" untermauert zu werden, weil hier nur „Gefühlsgründe" vorlägen, die auf das Empfinden der Symbolträchtigkeit der Kolonien als Zeichen der „Weltbedeutung" verwiesen.[105] Roß geht es hier nicht um ein wirtschaftlich oder politisch legitimierbares, kolonialrevisionistisches oder -revanchistisches Projekt (deshalb bleibt der Erste Weltkrieg in diesen

---

104 Ebd., S. 114. Diese etwas verlegene Selbstpositionierung von Roß, die für eine Hegemonie der Weißen nicht aus rassetheoretisch-hierarchischen, sondern aus pragmatischen Gründen plädiert, wurde von Siegfried Mattl in einer Notiz treffend als Roß'scher „Trick" bezeichnet, der die „Wertschätzung indigener Kulturen" mit der „Abwehr aufklärerischen Universalismus" kombiniert; vgl. Baumunk 1999, S. 66.
105 Vgl. Roß 1929, S. 239–240. In *Die Welt auf der Waage* wird diese Argumentation auf die Spitze treiben.

Passagen außen vor), sondern um eine Beweisführung, die eben ohne solche Begründungen auskommt.

Die Integration vergleichbarer Argumentationslinien in den chronologisch-topisch organisierten und die obligaten Zutaten der Gattung enthaltenden Reisebericht identifizierte Andy Hahnemann, für den Roß „ohne Zweifel der bekannteste und meistgelesene Reisende der Weimarer Republik"[106] vor Egon Erwin Kisch und Alfred Ernst Johann war, als einen Versuch, „aus der geschilderten Vielfalt ein synthetisches Bild zeitgenössischer und zukünftiger Weltpolitik zu gewinnen und die ‚Kräfte' zu bestimmen, die politisch wirksam werden".[107] Nun scheint gerade die Kombination der pragmatisch-rationalen und der emotional-irrationalen ‚Kräfte', genauer: ihre Gewichtung, in der Rezeption des Buches und des gleichnamigen, mit Vorträgen begleiteten Filmes in Deutschland und in Österreich das Ausschlaggebende geworden zu sein.

Im verdunkelten Saal mit Sogwirkung

Das mehrfach als Vortragsfilm bezeichnete Hauptstück des afrikanischen Medienbündels, *Die erwachende Sphinx*,[108] erlebte zwischen der Hamburger Uraufführung und der Berliner Premiere im August respektive November 1927[109] seine Leipziger Erstaufführung: Das Foyer wurde als ein „völkerkundliches Museum" im Zeichen Afrikas mit vermeintlich

---

106 Hahnemann 2010, S. 93–94.
107 Ebd., S. 92.
108 Vgl. z. B. [Annonce]. In: Berliner Börsen-Zeitung v. 25.11.1927, S. 4.
109 Vgl. Nagl, Tobias: Die unheimliche Maschine. Rasse und Repräsentation im Weimarer Kino. München: Ed. Text + Kritik 2009, S. 358.

authentischen Waffen, Palmen und einem die Werbematerialien verteilenden „‚echten' Neger"¹¹⁰ eingerichtet, wobei Roß' hiesiger Vortragsauftritt von Gert von Zitzewitz, einem im Umfeld der Ufa tätigen Werbetexter und Filmjournalisten, in Form eines recht unbeholfenen, aber umso symptomatischeren Gedichts als Leserbrief aus Leipzig dokumentiert wurde:

> Sitzend auf der Leiter Sproß
> Zeigt uns Länder, Städte, Orte,
> Vieh und Völker jeder Sorte,
> Geistvoll – ohne große Worte:
>   Colin Roß.
>
> 3 x täglich ohn' Verdroß
> Muß durch Afrika spazieren,
> Seine Stimme strapazieren,
> Kinodünste konsumieren:
>   Colin Roß.
>
> Nicht umsonst! Der Redefloß
> Labt die Gäste (Mann und Maus),
> Und so zollt das Lichtspielhaus
> Immer herzlichen Applaus:
>   Colin Roß.¹¹¹

Dieser 15-Zeiler lässt nicht nur auf den bereits 1927 vorhandenen Kult um Roß schließen, sondern auch auf das Lenkungspotenzial und den Stellenwert seiner persönlichen Auftritte in der öffentlichen Wahrnehmung. Diese wurde multimedial, durch Buch, Film und Vortrag, unter Beschuss genommen, wodurch sich die unterschiedlichen Kanäle der

---

110 Sf.: „Das Kino als Völkermuseum". In: Film-Kurier (Berlin) v. 12.10.1927, Beiblatt, S. 1.
111 Zitzewitz, Gert: „Colin Roß spricht". In: Film-Magazin (Berlin) v. 13.11.1927, o. S.

Rezeption der Einzelstücke oft genug in gegenseitiger Beeinflussung formierten, wie dies eine pädagogisch interessierte Filmbesprechung sogar explizit als Notwendigkeit formulierte, um die Schwächen des Streifens zu kompensieren.[112]

Die aufwendige Broschüre, die für den Film und das gleichnamige Buch den Markt vorbereiten sollte, brachte neben einem „persönlichen Bekenntnis" von Roß zu seinen filmischen und journalistischen Arbeitstechniken Auszüge aus dem Buch sowie Textbeispiele aus früheren Film- und Buchbesprechungen. Dies geschah mit dem besonderen Hinweis: „Die Tagespresse von rechts bis links ist einmütig im anerkennenden Urteil über die Weltreise-Bücher von Dr. Colin Roß."[113] Die Rezeption des Vortragsfilms, aber auch des Buches, gibt dagegen Aufschluss darüber, wie wenig diese suggerierte ideologische Harmonie hier griff und welche Akzente innerhalb eines dominanten Diskurses gesetzt wurden.

Insgesamt lässt sich für Deutschland aus den Besprechungen und Ankündigungen eine Lesart herausdestillieren, in der die Dominanz der Kolonialfrage unübersehbar und das Hintanstellen der sozialen und wirtschaftlichen Gegenwartsprobleme von Afrika deutlich werden. So wird bspw. u. d. T. *Deutschlands koloniale Zukunft* mit einer Reihe entsprechender Fragen („Wie sieht es in unseren früheren Kolonien aus? Welche Möglichkeiten haben wir für ihren Rückerwerb? Sollen wir neue Kolonien anstreben?")[114] für die Berliner Filmschau mit Vortrag geworben. Deren Rezen-

---

112 Vgl. H. P.: „Die erwachende Sphinx". In: Der Bildwart (Berlin) 1 (1928), S. 56–57.
113 Roß, Colin: Die erwachende Sphinx. Vom Kap nach Kairo. Zum Ufafilm und Brockhausbuch. Leipzig: Brockhaus [1927], S. 13.
114 Ud.: „Deutschlands koloniale Zukunft". In: Film-Kurier (Berlin) v. 19.11.1927, o. S.

sent im *Berliner Lokalanzeiger* goutiert, einen Seitenhieb in Richtung Roß' revolutionärer Vergangenheit versetzend, den Charakter der Präsentation, dieser „Arbeit im deutschen Sinne",[115] mit großer Genugtuung, da er die deutsche Beteiligung an der Neukolonisierung Afrikas anvisiere. Einen Extremfall stellt unter den Buchkritiken jene des *Geografischen Anzeigers* dar, in dem der Gründer der Zeitschrift, Hermann Haack, die Roß'sche Fragestellung der Arbeitsverhältnisse wie folgt auslegt:

> Aber alle diese Probleme [wirtschaftliche und politische Asymmetrien – K.T.] gewinnen Interesse und Gestalt doch erst im Lichte der Rassenfrage. Was nützt uns afrikanisches Platin und Gold, wenn sich die Eingeborenen weigern, es für uns aus der Erde herauszuholen! Und was nützt unserem Menschenüberschuß der fruchtbarste Boden, wenn ihn die Schwarzen für sich beanspruchen![116]

Die kolonisatorische Betätigung Deutschlands wird hier, in unverkennbar rassistischer Tonlage, gleichsam als eine sich bereits in Gang befindliche und zwangsweise mit der Auflehnung der schwarzen Arbeiter konfrontierte nahegelegt.

Es fehlt allerdings nicht an ausgewogeneren und zurückhaltenden Besprechungen – wie bspw. im Roß'schen Hausorgan, der *Vossischen Zeitung* und der *Zeitschrift für Geopolitik* oder in den Berichten des *Film-Kurier* und der *Lichtbild-Bühne*[117] –, die v. a. aus dem Drohszenario der

---

115 -dt.: „Die erwachende Sphinx". In: Berliner Lokalanzeiger v. 24.11.1927, S. 2.
116 Haack, Hermann: „Die erwachende Sphinx". In: Geographischer Anzeiger 11 (1927), S. 366.
117 Gol.: „Die erwachende Sphinx". In: Vossische Zeitung v. 24.11.1927, [S. 3]; Herzberg, Georg: „Die erwachende Sphinx". In: Film-Kurier (Berlin) v. 24.11.1927, o. S.; Obst,

„schwarzen Gefahr" Kapital schlagen, und die koloniale Involvierung Deutschlands als Lösungsvorschlag eher ausblenden.[118] Gleiches gilt für die religiöse Presse, in der wohl wegen der Roß'schen Kritik an der blinden Missionierung der ethnografische Informationsreichtum des Buches hochgehalten wird.[119] Einen Ausnahmefall stellt in dieser breiten Streuung der Besprechungen die sozialistische Presse dar, die sowohl das Buch als auch den Film für ihre programmatische Unzulänglichkeit tadelt: Roß zeige viel an sozialer Ungerechtigkeit gegenüber den Eingeborenen, doch entweder bleibe er eine Antwort schuldig[120] oder verleite mit seinem Kolonisierungsangebot zu illusorischen Schlüssen.[121]

Vor dem Hintergrund derartiger Auffächerung und Gewichtung der deutschen Reflexionen ist die gleichzeitige österreichische Aufnahme des *Sphinx*-Pakets äußerst aufschlussreich. Mit Ausnahme des Rezensenten des von Ri-

---

    Erich: „Literaturbericht aus Europa und Afrika. Colin Roß: Die erwachende Sphinx". In: Zeitschrift für Geopolitik 19 (1927), S. 911–912; H. W-g.: „Die erwachende Sphinx. Colin Roß-Film der Ufa. Im Mozartsaal". In: Lichtbild-Bühne v. 24.11.1927, S. 2, Letzteres mit prononciertem Nationalstolz auf die ehemaligen deutschen Kolonien.

118 Vgl. auch A. K.: „Die erwachende Sphinx". In: Der Film (Berlin) v. 26.11.1927, S. 2.

119 Vgl. Kirfel, W[illibald]: „Roß, Colin: Die erwachende Sphinx". In: Bücherwelt (Bonn a. Rh.) 1928, S. 61–62. Diese Einschätzung gilt auch für den Rezensenten der 8. Auflage; vgl. NN: „Roß, Colin: Die erwachende Sphinx". In: Seele (Regensburg) 6 (1937), S. 176.

120 Vgl. Biging, Curt: „Colin Roß: Die erwachende Sphinx". In: Bücherwarte (Berlin) 1927, S. 305–306.

121 Vgl. r.: „Die erwachende Sphinx". In: Vorwärts v. 27.11.1927, Beilage *Aus der Film-Welt*, S. 1.

chard N. Coudenhove-Kalergi geleiteten *Paneuropa*, der die auch von Roß angedeutete kolonialpolitische Verantwortung Europas für die Schlichtung der wirtschaftlich-politischen und ethnischen Spannungen in Afrika etwas tendenziös als einen Kerngedanken des Buches auslegt,[122] werden die von Deutschland oder Europa ausgehenden Machtansprüche größtenteils ausgeblendet, manchmal kritisiert oder aber, im Vergleich zu den Roß'schen Ausführungen, recht willkürlich umgedeutet.

Doch bevor die österreichische Metamorphose des Roß'schen Medienbündels skizziert werden kann, ist es notwendig, auf die spezifische Ausgestaltung des ‚vermittelten Roß' hinzuweisen: Im Gegensatz zur Zeit der Kriegs- und Ukraineberichte sowie des südamerikanischen Auswanderungsabstechers und der ersten Weltreise von Roß fehlen die österreichischen Artikelübernahmen aus den deutschen Zeitungen und Zeitschriften und auch Roß scheint sich nicht besonders um eine österreichische Präsenz seines aktuellen Afrikaunternehmens gekümmert zu haben. (Der Longseller-Weltreisefilm *Mit dem Kurbelkasten um die Erde* [1924/25], unter dem österreichischen Titel *Reise um die Erde,* reichte ihm dafür offensichtlich aus.)[123] Die Afrikafahrt wurde

---

122 Vgl. Dr. H. A.: „Colin Ross: Die Sphinx erwacht [sic]". In: Paneuropa 4 (1928), S. 24–25. Zum Dialog zwischen der Paneuropa-Bewegung und der geopolitischen Schule vgl. Hahnemann 2010, S. 19.

123 Der Film wurde von Juni 1925 bis mindestens Oktober 1928 nicht nur in Wien, sondern auch in den Provinzstädten kontinuierlich am Programm gehalten und entweder mit oder ohne Begleitvortrag aufgeführt. Eine Ausnahme davon war die wohl letzte Linzer Schau, die von Roß persönlich begleitet wurde; vgl. NN: „Eröffnungsabend. Colin Roß: Das Interessanteste aus meinem Leben". In: Tages-Post (Linz) v. 4.10.1928, S. 16.

erst durch den Import des Films *Die erwachende Sphinx* in das österreichische Bewusstsein gehoben, was einer nachträglichen Rekonstruktion der Tour – bzw. auch noch der vorangehenden Reisen – in der Tages- und Wochenpresse den Weg bahnte. Darüber hinaus ist die Aufbereitung der Filmvorführungen auch eine andere: Der Film wird nämlich als sog. Urania-Film nach Österreich importiert und in der Regel in Volksbildungseinrichtungen mit Begleitvorträgen gezeigt, die nicht von Roß selbst, sondern von Stellvertretern gesprochen werden. Den Auftakt macht die Linzer Urania unter Mitarbeit eines Roß nicht unähnlichen, europaskeptischen Wirtschaftswissenschaftlers, Alois Hobelsperger,[124] worauf gleich die Urania-Aufführung im Roten Wien mit dem ethnografisch interessierten Forschungsreisenden und Missionar Paul Schebesta folgt.[125] Wie die Notizen in den Unterlagen von Andreas Reischek, dem Sprecher-in-Vertretung für die Urania-Vorführung von Roß' *Reise um die Erde*,[126] nahelegen, waren die Vortragstyposkripte von Roß überprüft und wohl auch autorisiert.

---

124 Vgl. [Ankündigung mit Zusammenfassung des Vortrags]. In: Mitteilungen der Linzer Urania v. 27.2.1928, S. 3; NN: „Die erwachende Sphinx". In: Tages-Post (Linz) v. 10.3.1928, S. 13. Zu Hobelsperger vgl. Holzmann, Michael E.: Die österreichische SA und ihre Illusion von „Großdeutschland". Bd. 1: Völkischer Nationalismus in Österreich bis 1933. Berlin: Pro Business 2011, S. 122–124.
125 Vgl. NN: „Colin Roß: Die erwachende Sphinx. Einführender Vortrag von Dr. Paul Schebesta". In: Verlautbarungen des Volksbildungshauses Wiener Urania v. 10.3.1928, S. 7.
126 Vgl. Reischek, Andreas: Colin Ross. Reise um die Erde. Österreichisches Volkshochschularchiv, Typoskript, B-VID Skio-Urania/Dok 203, vor S. 10.

Das in einer kürzeren und in einer längeren Fassung überlieferte Typoskript Schebestas setzt bereits mit dem gewählten Untertitel einen deutlichen Akzent: *Afrikas Völker im Widerstand gegen die Kolonisation durch Europäer*. Der etwas sprunghaft und pathetisch konzipierte Begleittext, genauer: der Einführungstext, wurde auch entsprechend gestaltet. Nach einem dramatischen Auftakt („im schwarzen Geschlecht begann es zu gären und zu brodeln"),[127] der an die linke, das soziale Spannungsszenario aufgreifende Rezeption in Deutschland erinnert und zum Schluss wiederkehrt, wird der Gegensatz zwischen dem „genügsamen Urmenschen" und dem „modernen, habsüchtigen Zivilisierten"[128] durchexerziert. Es gibt hier schwarze Arbeiter, die „im Schweisse ihres Angesichtes für den Weissen sich abrackern", und daneben „Kolonnen von gebildeten schwarzen Männern und Frauen".[129] Von Kolonien ist überhaupt nicht die Rede, auch nicht von den Missionaren mit mangelnder Voraussicht,[130] sondern nur noch von Minen mit gedemütigten Sträflingen, von Naturschönheiten wie den Viktoriafällen und von der ehrwürdigen Geschichte Ägyptens. Die längere Fassung ergänzt dies mit dem für die Wohlfahrt der schwarzen Bevölkerung engagierten Farmer, der seine technische Expertise

---

127 Schebesta, Paul Dr.: Die erwachende Sphinx (kurz). Österreichisches Volkshochschularchiv, Typoskript, B-VID Skio-Urania/Dok 219, S. 1.
128 Ebd., S. 2.
129 Ebd., S. 3.
130 Dies muss eine tapfere Zurückhaltung von Schebesta erfordert haben. Zu Schebestas Nähe zur Wiener Schule der Anthropologie, wo Schebesta als Missionar den „ethnologischen Gottesbeweis" erbringen sollte, vgl. Fuchs, Brigitte: „Rasse", „Volk", Geschlecht. Anthropologische Diskurse in Österreich 1850–1960. Frankfurt a. M. et al.: Campus 2003, S. 218–219.

für die Fruchtbarmachung des Bodens und die Hebung der Landwirtschaft zur Verfügung stelle.[131] „Afrika ist ein romantisches Land, berückend und märchenhaft durch seine Menschen und seine Tierwelt, überwältigend durch seine Landschaften."[132]

Die ideologische Tendenz des Vortrags ist unmissverständlich und wird in den Besprechungen, zusammen mit dem Film, auch entsprechend gewürdigt,[133] wodurch die noch vor der Österreich-Premiere formulierte, auf deutschen Ankündigungen basierende Vermutung der *Reichspost* – „wohl ein Propagandafilm für die Rückgabe der Kolonien an Deutschland"[134] – entkräftet werden konnte. Der Tenor der Rezensionen, die z.T. auch auf das Buch Bezug nehmen, bleibt die Kritik am gesellschaftlichen System, das die schwarzen Arbeiter benachteilige und den kapitalistischen Ausbeutern freien Lauf lasse.[135] Wo überhaupt ein Verweis auf den kolonialen Diskurs fällt, kommt es zur schlichten Umdeutung

---

131 Schebesta, Paul Dr.: Die erwachende Sphinx [lang]. Österreichisches Volkshochschularchiv, Typoskript, B-VID Skio-Urania/Dok 219, S. 6.

132 Ebd., S. 8.

133 Vgl. u.a. K.: „Die erwachende Sphinx". In: Wiener Zeitung v. 13.3.1928, S. 5; M-r.: „Die erwachende Sphinx". In: Arbeiter-Zeitung (Wien) v. 17.3.1928, S. 6, hier wurde zwar die klischeehafte Begleitung Schebestas aufs Korn genommen, doch am hegemoniekritischen Zugang scheint dies nichts geändert zu haben.

134 NN: „Neue Filme". In: Reichspost (Wien) v. 16.12.1927, S. 11.

135 Vgl. j.m. [Jakob Meth]: „Erwachende Sphinx. Ein neuer Afrikafilm in der Wiener Urania". In: Das Kleine Blatt (Wien) v. 13.3.1928, S. 3; R.E.: „Der schwarze Mann erwacht!". In: Arbeiter-Zeitung (Wien) v. 26.2.1928, S. 17–18.

der Roß'schen Vorlage: Der Rezensent der Linzer *Tages-Post* bezieht das „unbestreitbare[...] moralische[...] Recht"[136] nicht auf die Kolonisierungsaspirationen der Deutschen oder der Europäer, sondern einfach auf das Land, das sie in Afrika landwirtschaftlich erschlossen hätten. Eine Ausnahme in dieser homogenen Rezensionslandschaft bildet die Buchbesprechung Wolfgang Weisls von der *Neuen Freie Presse*, der die Botschaften von Roß, der im Übrigen sein Kollege bei der *Vossischen Zeitung* ist, mit beißender Ironie aufnimmt, um schließlich seine Speerwürfe doch mit dem Kommentar abzufedern, *Die erwachende Sphinx* werde „uns lange begleiten".[137]

Die beiden Rezeptionsmodelle, das deutsche und das österreichische, legen nahe, dass die „Leserlenkung"[138] vonseiten Roß' ausgezeichnet funktioniert hat.[139] Für die richtige Abwägung der kolonialpolitischen Problematik vs. arbeitsrechtlich-sozialer Fragen war es aber nötig, die potenziellen Publikumsinteressen richtig einzuschätzen, die in diesem Fall definitiv v. a. durch die ideologischen und gesellschaftlichen Konstellationen der anvisierten Medienöffent-

---

136 NN: „Der Signalist einer neuen Zeit". In: Tages-Post (Linz) v. 31.8.1927, S. 10.
137 Weisl, Wolfgang Dr.: „Colin Roß: Die erwachende Sphinx". In: Neue Freie Presse v. 18.9.1927, S. 24.
138 Vgl. Langewiesche, Dieter: „,Volksbildung' und ,Leserlenkung' in Deutschland von der wilhelminischen Ära bis zur nationalsozialistischen Diktatur". In: Internationales Archiv für Sozialgeschichte der deutschen Literatur 14 (1989), S. 108–125.
139 Das hohe Pauschalhonorar der Wiener Urania muss wohl ein triftiger Grund für die Flexibilisierung der Roß'schen Produkte gewesen sein; vgl. Brockhaus-Protokolle 1: 1927–1935: Colin Ross, 17.9.[19]28 [1], S. 3.

lichkeiten vorgeprägt waren. Diese sollen im letzten Kapitel auch genauer unter die Lupe genommen werden. Dass aber die Roß'schen Erzeugnisse zu derartiger Flexibilisierung geeignet waren, hat auch mit der Position von Roß als selbsternanntem Experten, genauer: als Popularisierer von Wissen zu tun. Diese Sparte im deutschsprachigen Raum der Zwischenkriegszeit behielt sich zwar immer den Anspruch auf weltanschauliche Neutralität, in der Praxis jedoch fungierte sie wie ein Gewächshaus für die unterschiedlichsten ideologischen Gedankengüter,[140] was einem alerten Selbstvermarkter wie Roß besonders vorteilhaft war.

Lagerraum Nr. 2: Wissenspopularisierung

Das Aufblühen der populären Wissenschaftsvermittlung im 19. Jahrhundert entsprang, wie u.a. Philipp Sarasin überzeugend dargelegt hat, dem Aufeinandertreffen von wissenschaftlichem Legitimationsdruck und bildungsbürgerlichem Wissensideal, das gerade durch die Idealisierung auf beiden Seiten besonders anfällig war, die Produktionsbedingungen des Wissens auszublenden und das kritische Hinterfragen von Wissensbeständen zu blockieren.[141] Mit dieser Darstellung trägt Sarasin auch jenem mittlerweile konsensuellen Forschungsstandpunkt Rechnung, demzufolge das diffusionis-

---

140 Für einen beredten Verschönerungsdiskurs vgl. exemplarisch [Wiener Urania (Hg.)]: 50 Jahre Wiener Urania: Volksbildung im demokratischen Wien. 1897–1947. Wien: Wiener Urania 1947.

141 Sarasin, Philipp: „,La Science en Famille'. Populäre Wissenschaft im 19. Jahrhundert als bürgerliche Kultur – und als Gegenstand einer Sozialgeschichte des Wissens". In: Gyr, Uely (Hg.): Soll und Haben. Alltag und Lebensformen bürgerlicher Kultur. Zürich: Offizin 1995, S. 97–110.

tische, einbahnige Modell der Wissenschaftspopularisierung (Stichwort ‚Herablassung der WissenschaftlerInnen zu ihrer Hörerschaft') ausgedient habe, weil der die Wissenserzeugung bedingende Austausch immer auf der Dynamik von Angebot und Nachfrage basiere. Zu Recht behauptet Carsten Kretschmann, dass „Popularisierung […] kein ökonomisches Nullsummenspiel, sondern ein Geschäft, ein Handel mit Wissen [war und ist]."[142]

Selbst wenn die ausgezeichnete Studie von Ulrike Felt am Beispiel der Berliner und der Wiener Institutionen der Popularisierung von naturwissenschaftlichen Erkenntnissen auf die Schwierigkeiten des Städtevergleichs hinwies – mit der Begründung, die jeweiligen Orte würden sich durch besondere „lokalpolitische[…] Konstellationen, nationale[…] Rahmenbedingungen, […] Einbettung in ein internationales Feld, bestimmte[…] Akteurskonstellationen"[143] auszeichnen – darf nicht vergessen werden, dass sich durch die Hochleistungsfähigkeit der Kulturindustrie, besonders in der Zwischenkriegszeit, eine Praxis der Wissensvermittlung etablieren konnte, die grundsätzlich nach der kapitalistischen Produktionslogik fungierte. Dies ließ nicht nur die „Bedeutung professioneller Popularisierer" zunehmen, sondern förderte ebenso den

---

142 Kretschmann, Carsten: „Wissenspopularisierung. Verfahren und Beschreibungsmodelle – ein Aufriss". In: Boden, Petra / Müller, Dorit (Hg.): Populäres Wissen im medialen Wandel seit 1850. Berlin: Kulturverl. Kadmos 2009, S. 17–34, hier S. 29.

143 Vgl. Felt, Ulrike: „Die Stadt als verdichteter Raum der Begegnung zwischen Wissenschaft und Öffentlichkeit. Reflexionen zu einem Vergleich der Wissenschaftspopularisierung in Wien und Berlin um die Jahrhundertwende". In: Goschler, Constantin (Hg.): Wissenschaft und Öffentlichkeit in Berlin 1870–1930. Stuttgart: Steiner 2000, S. 185–220, hier S. 187.

Einzug des „Star-System[s]" in die Wissenschaft,[144] das eine Landes- und Sprachgrenzen überschreitende Zirkulation von Wissensbeständen vorantrieb, die wiederum zum „Ergebnis und Ausgangspunkt eines vielfach dimensionierten Prozesses der Transformation und Neuordnung von Wissen" wurde.[145] Dem ist wohl auch zu verdanken, dass die institutionellen Grenzen zunehmend durchlässig wurden.[146]

Der Fall Roß mag dazu als einleuchtendes Beispiel dienen: Das zielbewusst entworfene, komplexe Image des in der Weltpolitik und -wirtschaft bewanderten Autors, des vorbildlichen Familienvaters und des erfolgreichen Kulturfilmemachers gewährte ihm einen Spielraum, in dem er sich einen glänzenden Absatzmarkt für unterschiedliche Produkte ähnlichen Inhalts sichern konnte. Mit dem Bild des Reisens als „gesunde[n] Familienunternehmen[s]" markierte Roß somit

> den positiven Gegenentwurf zur fiktiven und moralisch zweifelhaften Schund- und Schmutzliteratur der Groschenhefte einerseits und zum stets stressgeplagten, rasend kettenrauchenden Reporter und Asphaltliteraten andererseits.[147]

---

144 Goschler, Constantin: „Wissenschaft und Öffentlichkeit in Berlin (1870–1930). Einleitung". In: ders. (Hg.) 2000, S. 7–29, hier S. 18 und S. 20; für Wien vgl. auch Felt, Ulrike: Wissenschaft auf der Bühne der Öffentlichkeit. Die alltägliche Popularisierung der Naturwissenschaften in Wien, 1900–1938. Unveröff. Habil.-Schr., Wien 1997, S. 155–159.

145 Müller, Dorit: „Transformationen populären Wissens im Medienwandel am Beispiel der Polarforschung". In: dies. / Boden (Hg.) 2009, S. 35–79, hier S. 36.

146 Ulrike Felt diagnostiziert ebenfalls eine Erweiterung der Wissensräume in beiden Städten, führt sie jedoch auf einen sozialen und wissenschaftlichen Krisenzustand zurück; vgl. Felt 2000, S. 197.

147 Hahnemann 2010, S. 95.

Die breitgestreute ‚Mitte' mit Bildungsanspruch ließ sich somit auch in ideologisch unterschiedlichen Umfeldern auf Hochtouren bedienen. Obwohl z. B. der Aufführungskontext der Filme in Deutschland und in Österreich divergierte (hier wurden die Filme v. a. in der kommerziellen, dort in der volksbildnerischen Sparte gezeigt und noch dazu in äußerst unterschiedlichen lokalen politischen Kulturen), konnte die integrative Schublade „Kulturfilm" und (weltpolitischer) „Forschungsreisender" diesen wohl gar nicht so großen Spalt zwischen den beiden überbrücken. Auch die Rezeption seiner Bücher zeigt, dass sie geeignet waren, in einem breiten Spektrum – von Fachzeitschriften der Ingenieure oder der Orientalisten über pseudo- und populärwissenschaftliche Magazine und Jugendzeitschriften bis hin zu Familienillustrierten und der Tagespresse jeglicher Couleurs – präsentiert zu werden. Auf der anderen Seite, nämlich jener der Institutionen musste gleichzeitig eine ähnliche Elastizität bestehen: Selbst wenn Brockhaus ungern das zweite „weltanschauliche" Buch von Roß herausbrachte, tat es der Verlag schließlich.[148] Der Ullstein-Konzern stellte mit seinen unterschiedlich profilierten Presseerzeugnissen jederzeit eine geeignete Plattform zur Verfügung.[149] Die österreichische Urania-Kette und die verschiedenen Veranstaltungsräume in Deutschland (Theater, Kinos, Vereinsräumlichkeiten usw.) waren bereit, die Roß'schen Vorträge – von Rei-

---

148 Es ging um das Buch *Der Wille der Welt*, in dem sich Roß selbst als Dilettanten auswies; vgl. Roß, Colin: Der Wille der Welt. Leipzig: Brockhaus 1932, S. 9; Brockhaus-Protokolle 1: 1927–1935: Colin Ross 30.8.[19]32, passim.
149 Vgl. dazu umfassend Oels, David / Schneider, Ute (Hg.): Der ganze Verlag ist einfach eine Bonbonniere. Ullstein in der ersten Hälfte des 20. Jahrhunderts. Berlin: de Gruyter 2014, E-Book-Ausgabe.

seplauderei über weltpolitische Vortragsfilme bis hin zu „weltanschaulichen" Vorträgen – zu beheimaten.[150] Dieses Zusammenspiel ergab mehrfach eine Win-Win-Situation mit Prestigezuwachs auf der Seite der Produktion als auch auf jener der Rezeption.

Aus dem Switch vom „Wissens- zum Vertrauensdiskurs",[151] der dadurch erwirkt wurde, ließ sich zudem in einem ideologisch und medial aufgefächerten Umfeld ordentlich Kapital schlagen: Die Konjunktur der Sachbücher und der Reportage legt davon ebenso Zeugnis ab, wie jene der Kulturfilmindustrie und des populärwissenschaftlichen Vortragswesens. All diese heterogenen medialen Foren, ab der Mitte der 1920er ergänzt durch das Radio, beteiligten sich am „Bildungsdünkel",[152] dem in Deutschland und Österreich liberal- und sozialdemokratisch wie auch konservativ inspirierte Gesellschaftsprojekte Vorschub leisteten. Die Einschleusung ‚bildungsferner' Schichten in die vorwiegend bildungsbürgerlich-konservativ geprägte Wissenserzeugung ging jedoch kaum mit einer Rekonzeptualisierung und Emanzipierung der Wissensvermittlung

---

150 Zu der Wiener Urania vgl. die etwas verschönernde Arbeit von Petrasch, Wilhelm: Die Wiener Urania. Von den Wurzeln der Erwachsenenbildung zum lebenslangen Lernen. Wien / Köln / Weimar: Böhlau 2007 und die Korrektur von Stifter, Christian F.: „Die Wiener Volkshochschulbewegung in den Jahren 1887–1938: Anspruch und Wirklichkeit". In: ders. / Ash, Mitchell G. (Hg.): Wissenschaft, Politik und Öffentlichkeit. Von der Wiener Moderne bis zur Gegenwart. Wien: WUV 2002, S. 95–116.

151 Vgl. Felt 2000, S. 190–191.

152 Hahnemann, Andy / Oels, David: „Einleitung". In: dies. (Hg.): Sachbuch und populäres Wissen im 20. Jahrhundert. Frankfurt a. M.: Peter Lang 2008, S. 7–25, hier S. 15.

einher, die somit die bestehenden kapitalistisch geprägte Macht- und Produktionsstrukturen perpetuierte.[153]

In diesem Kontext der Wissenserzeugung ist das Gesamtœuvre von Roß zu verorten, dessen Segment ‚Kolonial- und Rassenkenntnisse' ein beredtes Zeugnis von den epochen- und milieuspezifischen Abwandlungen der Ware ‚Wissen' ablegt, indem es für seine populärwissenschaftliche Aufbereitung auf tradierte Deutungsmodelle zurückgreift, aber sich gleichzeitig seines objektivistisch begründbaren Neuigkeitswerts vergewissert.[154] Dies lässt sich in den Funktionserweiterungen und -änderungen der für die Reiseerfahrungsvermittlung relevanten Textgattungen seit dem 19. Jahrhundert nachverfolgen: Der kolonialistische Unterhaltungsroman öffnet sich der Verschränkung von sachverständigem Bericht, von ge-

---

[153] Hier sei lediglich auf exemplarische Fallanalysen hingewiesen: Ross, Corey: „Cinema, Radio, and ‚Mass Culture' in the Weimar Republic: Between Shared Experience and Social Division". In: Williams, John Alexander (Hg.): Weimar Culture Revisited. New York: Palgrave Macmillan 2011, S. 23–48; Kreuzer, Helmut: „Biographie, Reportage, Sachbuch. Zu ihrer Geschichte seit den zwanziger Jahren". In: Bennett, Benjamin (Hg.): Probleme der Moderne. Studien zur deutschen Literatur von Nietzsche bis Brecht. Tübingen: Niemeyer 1983, S. 431–458; Pfoser, Alfred / Renner, Gerhard: „‚Ein Toter führt uns an!'. Anmerkungen zur kulturellen Situation im Austrofaschismus". In: Tálos, Emmerich / Neugebauer, Wolfgang (Hg.): „Austrofaschismus". Beiträge über Politik, Ökonomie und Kultur 1934–1938. Wien: Verl. für Gesellschaftskritik 1984, S. 223–245.

[154] Vgl. Schlesier, Renate: „Verdichtete Reiseberichte. Zur Geschichte des Homo viator". In: Neumann, Gerhard / Weigel, Sigrid (Hg.): Lesbarkeit der Kultur. Literaturwissenschaften zwischen Kulturtechnik und Ethnographie. München: Fink 2000, S. 133–149, insb. S. 141.

bändigtem Abenteuertrieb und völkisch-germanozentrischer Aufladung im Zeichen von ‚faction'. Der traditionsreiche Exotismus im Reisebericht wird zugunsten der politisch-ideologischen oder vermeintlich wissenschaftlichen Indienstnahme der Gattung seines sozialkritischen und ästhetischen Potenzials verlustig.[155] Ebenso sorgt die „Domestizierung des Abenteuers" über die unterschiedlichen Reisegattungen hinaus für dessen Integration in die bildungsbürgerlich geprägte Wissenspopularisierung. So gesehen muss auch die auf Ernst Bloch zurückgehende subversive Auslegung des Abenteuers revidiert werden: Es ist nicht mehr der vor dem Hintergrund bürgerlicher Milieus des 19. Jahrhunderts erfolgende Ausbruch, indem der Held gegen „das Gewohnte und Organisierte" bzw. gegen die „Gleichförmigkeit und Öde" „das Fremde und Zufällige" bzw. „Spannungsreichtum und Abwechslungsreichtum"[156] setzt, sondern vielmehr das Austarieren von Systemkonformismus und Innovation mithilfe des Prestiges des vermeintlich objektivistisch argumentierenden Sachkundigen.[157]

---

155 Vgl. Bleicher, Thomas: „Das Abenteuer Afrika – zum deutschen Unterhaltungsroman zwischen den Weltkriegen". In: Bader, Wolfgang / Riesz, János (Hg.): Literatur und Kolonialismus. Frankfurt a.M. / Bern: Peter Lang 1983, S. 251–290; Reif, Wolfgang: „Exotismus im Reisebericht des frühen 20. Jahrhunderts". In: Brenner (Hg.) 1989, S. 434–462; Brenner, Peter J.: „Schwierige Reisen. Wandlungen des Reiseberichts in Deutschland 1918–1945". In: ders. (Hg.): Reisekultur in Deutschland. Von der Weimarer Republik zum „Dritten Reich". Tübingen: Niemeyer 1997, S. 127–176.
156 Ueding, Gert: Glanzvolles Elend. Versuch über Kitsch und Kolportage. Frankfurt a.M.: Suhrkamp 1973, S. 78.
157 Vgl. Schott-Tannich, Sabine: Der ethnographische Abenteuer- und Reiseroman des 19. Jahrhunderts im Urteil der

Das Afrika-Paket von Roß konnte aber nicht nur dank des Nivellierungseffekts der Wissenspopularisierung mit einer sorglosen Aufnahme auf beiden Seiten der deutsch-österreichischen Grenze rechnen, sondern auch, weil die verfügbaren politischen und kulturellen Deutungskonstrukte vielfach dem Ersten Weltkrieg und dem damit verbundenen Krisendiskurs entstammten.

---

zeitgenössischen Rezensenten. Unveröff. Diss., Kassel 1993, S. 109–110.

Betriebsanschluss als Coda: Kriegspublizistiksammlung und Wiener Vortrag, 1938

> Die Kultur wird blühen. Daß sie blühe, wurden ein paar Millionen zum Ackerdünger einrückend gemacht.[158]

> Der Österreicher ist so deutsch wie seine Donau blau ist.[159]

1938 veröffentlicht Roß eine Auswahl aus seinen Kriegsreportagen, die er zwischen 1914 und 1918 der *Vossischen Zeitung* zukommen ließ.[160] Obwohl dieser Sammelband einer der wenigen ist, die keine weiteren Auflagen erlebten (Rekordhalter ist *Die Welt auf der Waage* mit 34 Auflagen zwischen 1929 und 1941), ist die Entscheidung des Autors und seines Verlegers Brockhaus symptomatisch und spiegelt die zeitgenössische Marktlage zum zwanzigsten Jahrestag des Kriegsendes wieder, wenn auch hinsichtlich der vorangegangenen Hausse etwas verspätet: Seit Ende der 1920er erlebt die Publikation von unterschiedlichsten Auswüchsen der Kriegsliteratur eine Hochblüte.[161] Eine der ersten polemisch-pazifistische und die

---

158 Polgar, Alfred: „Übergang" [1917]. In: ders. 2004, S. 13–14, hier S. 13.
159 Polgar, Alfred: „Der Österreicher (Ein Nachruf)" [1944]. In: ders. 2004, S. 205–209, hier S. 209.
160 Roß, Colin: Vier Jahre am Feind. Meine Erlebnisse im Feld. Leipzig: Brockhaus 1938.
161 Für das Einsetzen der Kriegsromanenflut gleich nach Kriegsende in Deutschland vgl. Schütz, Erhard: Romane der Weimarer Republik. München: Fink 1986, S. 185. Für österreichische

internationale Bühne beachtenden Bestandaufnahmen aus 1931 betont die Kontinuität des Kriegserlebnisses und seine Heterogenität:

> Denn jedenfalls dauert der Krieg fort in allen Europäern, auch wenn wir seine schwerlastenden Nachwirkungen in der Tagespolitik und seine zweifellose Unsterblichkeit in Schulbüchern abrechnen. Es dauert fort in den Seelen: Das Wie diktiert unser Wille mit; ob als Seuchenkeim oder als Selbstbesinnung oder als Unterhaltungsmaterial oder als Abernichts oder als Triebentladung oder als Ulk.[162]

Nach dieser Kategorisierung könnte es sich bei Roß um eine Mischung von „Selbstbesinnung" und „Triebentladung" handeln: Die in den Band aufgenommenen Berichte – im Einklang mit dem Halbzeitprodukt *Wir draußen* und den nachfolgenden Zeitungsartikeln – changieren zwischen militärstrategischen Überlegungen, sentimentalen Schilderungen des Kriegsalltags, und Versuchen, sich der Überlegenheit der Mittelmächte zu vergewissern.

Die Publikation des Buchs sei aber, laut Roß' Versicherung gegenüber seinem Verleger, keine durchdachte Aktion gewesen: Er wüsste auch „selbst nicht recht", „warum er sich gerade jetzt entschlossen hätte, es herauszugeben".[163] Trotz dieser etwas primadonnenhaft anmutenden Beteuerung liegt die Vermutung nahe, dass Roß neben der Kriegsbüchermode

---

Romane 1918/1919 vgl. Klaus, Gerhard: Der österreichische Kriegsroman der Zwischenkriegszeit. Beiträge zum ständestaatlichen und nationalsozialistischen Kriegsroman. Unveröff. Diplomarb., Wien 1990, S. 24–35.
162 Jirgal, Ernst: Die Wiederkehr des Weltkrieges in der Literatur. Wien / Leipzig: Reinhold 1931, S. 212.
163 Brockhaus-Protokolle 2: 1935–1943: Colin Ross, 20.9.[19]38, S. 2.

den 20. Jahrestag des Kriegsendes, die seit 1933 zunehmende Militarisierung der deutschen Gesellschaft und womöglich auch die eskalierende Sudetenkrise vor Augen hatte. Dass die Kriegspublizistiksammlung in der deutschen Öffentlichkeit eher peripher wahrgenommen wurde, kann nicht nur auf die Sättigung des Kriegsbüchermarktes zurückgeführt werden, sondern auch darauf, dass in diesem Jahr nicht weniger als 6 Werke von Roß in Neuauflagen erschienen und *Der Balkan Amerikas* erst kurz davor, 1937 auf den Markt kam.

Umso bemerkenswerter ist eine der wenigen uns vorliegenden Besprechungen aus dem gleichgeschalteten Österreich: Sie feiert den Autor, der als „Stern […] auf dem Himmel der Wissenschaft" und als gebürtiger Wiener Grund zur Eitelkeit in der Ostmark gebe, unter dem Untertitel *Colin Roß, diesmal ganz anders*. Gemeint ist, dass Roß seine Leserschaft mit seinem „Kriegstagebuch [!]" aus dem „letzten Kriegsjahr [!]" „überrascht". Die Aufzeichnungen würden den feinfühligen Beobachter zeigen, der Auge für das „Friedvolle" habe und den „erschütternden Kriegserlebnissen eine Note des Erträglichen" verleihe.[164] So sehr die Glaubwürdigkeit und die Repräsentativität einer solchen Einschätzung bezweifelt werden können, erscheint sie mir insofern symptomatisch, als erstens Roß' jüngste Betätigung als Kriegsberichterstatter, nämlich aus dem spanischen Bürgerkrieg, in der Tat kaum Spuren in der österreichischen Presse hinterließ und 20 Jahre offensichtlich reichten, den Roß'schen Karrierestart zu vergessen. Zweitens lässt sich die Charakterisierung von Roß als Wissenschaftler und Bändiger von Erschütterungen in eben jenes Profil einfügen, das weitgehend im Sinne des Autors war und sich mit tatkräftiger Unterstützung der Urania, des Radios und der österreichischen Presse etablieren ließ.

---

164 R. Qu.: „‚Vier Jahre am Feind'. Colin Roß, diesmal ganz anders". In: Das Kleine Volksblatt v. 19.12.1938, S. 10.

Einige Monate vor dieser Episode konnte der österreichische Starkult um Roß nach dem Einmarsch der deutschen Truppen gepflegt werden: Am 6. April 1938 hält Roß an der nunmehr gleichgeschalteten Urania einen Vortrag, den er mit Lichtbildern untermalt. Sein Augenmerk gilt aber diesmal weniger seinen Reisen, die er vermutlich eher als Beglaubigungsmittel heranzog, sondern vielmehr der Befürwortung der bevorstehenden, den „Anschluss" an Deutschland nachträglich legitimierenden Volksabstimmung.[165] Der Rückgriff auf die afrikanische Kolonialfrage *Der erwachenden Sphinx* erwies sich als strategisch bestens auslotbar: Die Einheit der beiden Völker wurde mit dem Hinweis auf den nunmehr gemeinsam erhebbaren Anspruch auf das „deutsche Afrika" beschworen, wobei die Vorbildlichkeit der ehemaligen deutschen Kolonialverwaltung – „Strenge, Freundlichkeit und eiserne Gerechtigkeit"[166] – als Schlüssel für die anstehende Kolonisierung des Erdteils in die Hände und Ohren der Zuhörer gegeben wurde. Dieser Auftritt von Roß stellt ein Exemplar seiner geopolitischen Vorträge dar, die oft im Zusammenhang mit seinen beiden „kulturphilosophischen" Büchern standen, und die die NS-Propaganda in Deutschland regelmäßig und in Österreich ab 1938 zunehmend auch außerhalb der Volksbildungsstätte bedienten bzw. als solche gelobt wurden.[167]

Beide Episoden machen die gesteigerte und im Ständestaat endgültig vorbereitete öffentliche Empfänglichkeit für radi-

---

165 Vgl. NN: „Colin Roß in Wien". In: Reichspost v. 6.4.1938, S. 12.
166 NN: „Colin Roß über das Kolonialproblem. Aus einem Vortrag in der Wiener Urania". In: Reichspost v. 8.4.1938, S. 11–12, hier S. 12.
167 Vgl. u. a. die Typoskripte im Nachlass Roß, Bayrisches Hauptstaatsarchiv.

kale Ideologie sichtbar. Diese ist in unserem Kontext im Hinblick auf die Verschränkung von Kriegsperpetuierung und Wissenspopularisierung sowie mit Blick auf jene kulturellen Deutungsangebote in Österreich ausschlaggebend, die mit der Marke ‚Roß' bedient bzw. aktiviert werden konnten.

Lagerraum Nr. 3: Deutschösterreichdeutsch

Die Mehrheit der politik- und kulturgeschichtlichen Analysen zu Österreich und Deutschland der Zwischenkriegszeit scheint in der Frage nach der historischen, durch den Weltkrieg gezeitigten Zäsur eine entscheidende Divergenz zu Tage zu fördern: Während für Deutschland der Krieg 1914–1918 als Einschnitt interpretiert wird, fungiert in Österreich das Jahr 1918, der Zerfall der Monarchie, als solcher. Dementsprechend hätten die Nachkriegsjahre die geschichtliche Identifikation durch Rückbezüge auf zwei unterschiedliche Bedeutungskomplexe ausgebildet und, pauschal gesprochen, einer zukunftsgerichteten, militaristisch geprägten und einer rückwärtsgewandten, kosmopolitisch-nostalgischen Identität Vorschub geleistet.[168] Diese Diagnose könnte nicht nur den Befund über Roß' unterschiedliche Wahrnehmung, wie sie zu seinem 50. Geburtstag sichtbar wurde, bekräftigen – auf der einen Seite die martialische, auf der anderen die gezähmte –, sondern auch die „Überraschung" erklären, die von Roß' Rückkehr als Kriegsberichterstatter in Österreich verursacht wurde.

---

168 Vgl. exemplarisch Barth, Boris: Dolchstoßlegenden und politische Desintegration. Das Trauma der deutschen Niederlage im Ersten Weltkrieg 1914–1933. Düsseldorf: Droste 2003; Müller, Karl / Wagener, Hans (Hg.): Österreich 1918 und die Folgen. Geschichte, Literatur und Film. Wien / Köln / Weimar: Böhlau 2009.

Doch diese Deutung würde für die Gesamtmarke Roß zu kurz greifen und die Flexibilität seiner Produkte ebenso ausblenden wie die Potenz seines Experten- oder Wissenschaftlerprestiges, das auch in Österreich für eine andauernde Popularität sorgte. Anhand von einigen für diese Problemlage relevanten kultur- und literaturgeschichtlichen Einzelanalysen lassen sich drei Aspekte herausdestillieren, die zu einer differenzierteren Erklärung für die leichte Importierbarkeit von Roß verhelfen können. Diese stecken nämlich einen Interpretationsrahmen ab, innerhalb dessen erstens der Stellenwert der Roß'schen Adaptierung seiner Kriegserfahrungen mit Blick auf die österreichische Tradierung des Ersten Weltkriegs definiert und zweitens das gebändigte Abenteuer – ein Garant für Roß' in Österreich goutierte Expertise – im Zusammenhang mit der kulturindustriell geprägten Wissenspopularisierung ausgelegt werden kann. Drittens, in einem breiteren Kontext, stellen die Affinitäten zwischen den deutschen Konservativen Revolutionären und ihren österreichischen Sinnesgenossen eine Bezugsgröße zur Verfügung, vor deren Hintergrund sich die Empfänglichkeit für die antidemokratischen Überzeugungen von Roß verorten lässt.

Dass die deutschen Kulturprodukte unmittelbar nach dem Krieg und zunehmend ab den späten 1920er Jahren mit der Erinnerung an 1914–1918 durchtränkt waren, gehört mittlerweile zu den festen Bestandteilen der Zwischenkriegszeitforschung.[169] Trotz unterschiedlicher milieuabhängiger Abwandlungen dieses Gedächtnisses (Militarismus bei den Konservativen, Frontkameradschaft bei den Sozialdemokraten und ein vages Märtyrertum bei

---

169 Vgl. exemplarisch Schneider, Thomas F. / Wagener, Hans (Hg.): Von Richthofen bis Remarque. Deutschsprachige Prosa zum I. Weltkrieg. Amsterdam: Rodopi 2003 und Schütz 1986, S. 184–216.

den Katholiken)[170] handelte es sich insgesamt um einen Verschönerungsdiskurs, der, auf das tradierte Formenarsenal der Kriegsberichte und der literarischen Verarbeitungen zurückgreifend, ein leicht auslotbares Instrumentarium für die Beglaubigung von Erfahrenheit und für die Stärkung des Gemeinschaftsgefühls zur Verfügung stellte.[171] So wie bereits die populären Kriegszeitkriegsberichte die rhetorische Schlichtheit dem Ästhetizismus der Moderne und den beginnenden Avantgardeströmungen entgegenstellten,[172] behielten auch die Nachkriegsprodukte zumindest bis 1933 einen ähnlichen Duktus. Dieser suggerierte eine sinnvolle geschichtliche Kontinuität, die sich durch die sachliche Darstellung ihres Wahrheitsanspruchs vergewissern und eine ebenso sinnvolle Zukunft versprechen konnte.[173] Jenseits hochkultureller Literaturproduktion legt diese Ausformung der Kriegsliteratur deutliche Ähnlichkeiten mit der neusachlichen Poetik an den Tag, die ebenfalls von einer bemerkenswerten Durchlässigkeit zwischen rechts und links gezeichnet war.[174]

---

170 Vgl. Ziemann, Benjamin: „Die Erinnerung an den Ersten Weltkrieg in den Milieukulturen der Weimarer Republik". In: Schneider, Thomas F. (Hg.): Kriegserlebnis und Legendenbildung. Das Bild des „modernen" Krieges in Literatur, Photographie und Film. Bd. 1: Vor dem Ersten Weltkrieg. Der Erste Weltkrieg. Osnabrück: Rasch 1999, S. 249–270.
171 Vgl. Schneider, Thomas F.: „Zur deutschen Kriegsliteratur im Ersten Weltkrieg". In: ders. (Hg.) 1999, S. 101–114 und Schütz 1986, S. 137.
172 Vgl. Heymel 2007, S. 321.
173 Vgl. Bracco, Rosa Maria: Merchants of Hope. British Middlebrow Writers and the First World War, 1919–1939. Providence / Oxford: Berg 1993, S. 124–130.
174 Vgl. exemplarisch Lethen, Helmut: „Der Habitus der Sachlichkeit in der Weimarer Republik". In: Weyergraf (Hg.) 1995, S. 371–445.

Für Österreich kann eine vergleichbare, neusachlich geprägte Aufbereitung der Kriegserfahrung nicht nachgewiesen werden. Stattdessen werden die Kriegsspuren in der Populärkultur, v.a. in der Filmindustrie, in einigen Bestsellern und Presseerzeugnissen mit militaristisch-nationalistischen Aspirationen, sowie in der nationalen Denkmalkultur wach gehalten.[175]

Vor dem Hintergrund dieser divergierenden Konstellation verwundert es nicht, dass die Bezüge auf eine Kriegserfahrung vonseiten Roß' und vonseiten der österreichischen Rezensenten äußerst spärlich bleiben. Diese wird nämlich vorwiegend im Zusammenhang mit seinem journalistischen Können und seiner umfassenden Kenntnis von den Geschicken der Welt hervorgehoben, d.h. primär als Authentizitätsmerkmal angeführt.

Wie die Beispiele des Verdun-Vortrags und *Der erwachenden Sphinx* veranschaulichten, avancierte gerade dieses Argument, nämlich die für objektive Strategieabwägungen und soziale Sensibilität haftende Expertise mit einem Drang zum Dokumentarischen,[176] zum österreichischen Karriereschlüssel im populärwissenschaftlichen Umfeld. Denn solche Einrichtungen waren generell von einer Bestrebung geprägt,

---

175 Vgl. Rieger, Markus: Zauber der Montur. Zum Symbolgehalt der Uniform in der österreichischen Literatur der Zwischenkriegszeit. Wien: Braumüller 2009, insbes. S. 45–64; Klaus 1990; Kerekes, Amália / Teller, Katalin: „Jahr-Markt der Schüsse. Das Gedenkjahr 1924 in Texten und Bildern aus Österreich und Ungarn". In: Preljevic, Vahidin / Ruthner, Clemens (Hg.): „The Long Shots of Sarajevo". 1914: Ereignis – Narrativ – Gedächtnis. Tübingen: Narr / Francke / Attempto 2016, S. 635–649.

176 Gleiches stellt Hahnemann für den deutschen geopolitischen Buchmarkt fest; vgl. Hahnemann 2010, S. 66.

allgemeine und wissenschaftliche Spezialdiskurse zu vereinen, was durch einen geopolitisch informierten, medial reichlich aufbereiteten Vortrag exzellent bedient werden konnte.[177] Mit seinem Profil konnte sich Roß in den 1920ern daher nahtlos in die auf die „Mitte" abzielende Bildungspolitik der Urania integrieren[178] und vom „milieu- und schichten*un*spezifisch[en]"[179] Charakter der zu bewerbenden Reiseliteratur zehren. Die leichte Funktionalisierbarkeit der medial und ideologisch vielfach auslotbaren Gattung ‚Reisebericht', stets durch die Expertise des Reisenden beglaubigt, sicherte denn auch die Kontinuität der beiden Komponente, des populären Reiseberichterstatters und des „wissenschaftlich" interessierten Geopolitikers, weit über diese und die ständestaatlichen Zeitgrenzen hinaus.

Die 1917 von Hugo von Hofmannsthal geprägte Parole der Konservativen Revolution war mit ihrer fruchtbaren Auspflanzung nach Deutschland in Österreich keineswegs zum Verwelken verdammt: Das von antiparlamentarischen Aspirationen geprägte ständestaatliche Gedankengut, dieser „Konkurrenzfaschismus",[180] lehnte sich an sie ebenso

---

177 Ruchatz, Jens: „Vorträge sind Silber, Dias sind Gold. Medienkonkurrenz im Projektionsvortrag". In: Boden / Müller (Hg.) 2009, S. 101–118.

178 Für eine vergleichbare Profilierung der deutschen Volksbüchereien vgl. Langewiesche 1989, S. 118.

179 Keitz, Christine: „Grundzüge einer Sozialgeschichte des Tourismus in der Zwischenkriegszeit". In: Brenner (Hg.) 1997, S. 49–71, hier 71.

180 Den Begriff von Lajos Kerekes übernahm Mommsen, Hans: „Theorie und Praxis des österreichischen Ständestaats 1934 bis 1938". In: Leser, Norbert (Hg.): Das geistige Leben Wiens in der Zwischenkriegszeit. Ring-Vorlesung. Wien: Österreichischer Bundesverl. 1981, S. 174–192, hier S. 176.

wie die von Hofmannstahl weiterhin verfolgte und im akademischen Bereich gepflegte „Mischung von Legitimismus, übernationaler Reichstümelei und ständischer Ordnung, übergossen mit einer sakralen Sauce".[181] Wie Klaus Amman an etlichen Beispielen gezeigt hat, fielen die Reste dieser Pflanze auf einen sehr fruchtbaren Boden: Neben dem Dauerbrenner „Anschluss" waren Versatzstücke des kolonialen und rassistischen Gedankens in den Diskussionen von linken und rechten Intellektuellen durchgehend vorhanden.[182] Ein Grund, warum diese Ideologeme verstärkt in dem Bereich der Wissenspopularisierung und auch der Populärkultur Aufnahme fanden, bestand wohl in der vielfach diagnostizierten Schwäche der österreichischen Kulturpolitik sozialdemokratischer, christlichsozialer und ständestaatlicher Provenienz gleichermaßen bzw. ihrem gegenseitigen Sich-Bekriegen.[183] Dass Roß mit seinem Anschlussvortrag unbehelligt auf die kolonialistische Schiene setzen konnte, war wohl auch diesem günstigen Umstand zu verdanken.

---

181 Dethloff, Klaus: „Konservative Revolution und Philosophie in Österreich". In: Fischer, Kurt Rudolf (Hg.): Der geistige Anschluß: Philosophie und Politik an der Universität Wien 1930–1950. Wien: WUV 1993, S. 53–58, hier S. 57. Zu Hofmannsthal vgl. auch Müller, Karl: „Eine Zeit ‚ohne Ordnungsbegriffe'? Die literarische Antimoderne nach 1918 – ein Fallbeispiel: Hugo von Hofmannsthals Programmstück der Salzburger Festspiele und die ‚Konservative Revolution' ". In: Kucher, Primus-Heinz (Hg.): Literatur und Kultur im Österreich der Zwanziger Jahre. Bielefeld: Aisthesis 2007, S. 21–46.
182 Vgl. Amann, Klaus: Die Dichter und die Politik. Essays zur österreichischen Literatur nach 1918. Wien: Ed. Falter / Deuticke 1992.
183 Vgl. exemplarisch Pfoser / Renner 1984.

Die Aufnahmebereitschaft des österreichischen Publikums für die kommenden Roß-Produkte, die zunehmend im Zeichen der NS-Propaganda standen,[184] wurde außerdem durch „die kulturelle Durchschlagskraft des zeitgenössischen Nationalsozialismus" gefördert: Diese war ja in der „Kombination von ideologischer Orientierung und alltäglicher Erlebniswelt" begründet und somit extrem ausbaufähig.[185] Zwischen 1938 und 1944 steigert sich die österreichische Präsenz von Roß und seinen Produkten nicht nur quantitativ, sondern sie legt ein beredtes Zeugnis von einer immer breiteren Streuung hinsichtlich des Profils des Reisenden ab: Durch seine nimmermüde Vortragstätigkeit sowie seine Kontakte zu Baldur von Schirach, mit dessen ‚unorthodoxem' Nationalsozialismus Roß sympathisiert,[186] verfestigt sich seine Rezeption als eines weltpolitisch Gewandten. Gleichzeitig, und wohl nicht zuletzt infolge der massiven Radiopropaganda, figuriert er in populärkulturellen Genres der Presse ebenso wie in den Foren der nationalsozialistischen Volksaufklärungsarbeit zunehmend

---

184 Die durch die Novemberrevolution belastete Vergangenheit von Roß sowie seine Kritik an der Außenpolitik des NS-Regimes verdammten ihn allerdings dazu, nicht die von ihm erträumte politische Karriere zu verwirklichen; vgl. Baumunk 1999, S. 66 und S. 129.

185 Föllmer, Moritz: „Ein Leben wie im Traum". Kultur im Dritten Reich. München: Beck 2016, S. 26, vgl. auch S. 95–96; vgl. auch Maase, Kaspar: Grenzenloses Vergnügen. Der Aufstieg der Massenkultur 1850–1970. Frankfurt a. M.: Fischer 1997, insb. S. 115–118.

186 Vgl. Baumunk 1999, S. 96, S. 99–100 und S. 123; Roß figuriert mit seinen weltpolitischen Essays regelmäßig in dem von Schirach herausgegebenen „Führerorgan der nationalsozialistischen Jugend" *Wille und Macht*.

als eine feste Bezugsgröße.[187] Die publikumswirksame Kopplung von vermeintlich harmloser Reiseplauderei und vom sachlichen, weil die Kriegs- und Welterfahrung mit deheroisierender, abenteuerscheuer Rhetorik verbindenden Expertenkönnen wurde damit meisterhaft abgerundet.

---

187 Vgl. St.: „Sichtung im Bücherschrank". In: Kleine Volks-Zeitung (Wien) v. 14.12.1943, S. 4; w. f. m.: „Betriebskameraden freuen sich über gute Bücher". In: Neues Wiener Tagblatt v. 29.10.1940, S. 4; NN: „Auflösungen des Kreuzworträtsels vom 17. Januar". In: Das Kleine Radio-Blatt v. 24.1.1941, S. 11. Andreas Reischeks Tätigkeit am Referat ‚Heimat und Volksaufklärung' mag dabei behilflich gewesen sein; vgl. Venus, Theodor: „Bis zum Ende gespielt. Zur Geschichte des ‚Reichssenders Wien' im Dritten Reich". In: Rathkolb, Oliver / Duchkowitsch, Wolfgang / Hausjell, Fritz (Hg.): Die veruntreute Wahrheit. Hitlers Propagandisten in Österreich '38. Salzburg: Müller 1988, S. 108–157, hier S. 127 und S. 154.

Literaturverzeichnis

Zitierte Werke von Colin Roß

„Als der Welt Kohle und Eisen ausging". In: Als der Welt Kohle und Eisen ausging. Klassische Science Fiction-Erzählungen. Hg. v. Susanne Päch. München: Heyne 1980, S. 286–326.

Der Balkan Amerikas. Mit Kind und Kegel durch Mexiko und Panamakanal [1937]. 7. Aufl. Leipzig: Brockhaus 1938.

Vier Jahre am Feind. Meine Erlebnisse im Feld. Leipzig: Brockhaus 1938.

Auf deutschem Boden um die Erde. Köln: Schaffstein 1934.

Der Wille der Welt. Leipzig: Brockhaus 1932.

Mit Kamera, Kind und Kegel durch Afrika [1928]. 17. Aufl. Leipzig: Brockhaus 1936.

Die erwachende Sphinx. Durch Afrika vom Kap nach Kairo [1928]. 5. Aufl. Leipzig: Brockhaus 1929.

„Afrika, das Weltwarenhaus der alten Kleider". In: Berliner Illustrirte Zeitung v. 8.5.1927, S. 779–781.

„Die amerikanischste Stadt nicht in Amerika, sondern in – Afrika". In: Berliner Illustrirte Zeitung v. v. 9.1.1927, S. 45.

Die erwachende Sphinx. Vom Kap nach Kairo. Zum Ufafilm und Brockhausbuch. Leipzig: Brockhaus [1927].

Mit dem Kurbelkasten um die Erde: Ein Film-Bild-Buch. Berlin: Bild und Buch 1926.

Fahrten- und Abenteuerbuch. Berlin: Buchmeister 1925.

Heute in Indien. Leipzig: Brockhaus 1925.

Mit dem Kurbelkasten um die Welt. Berlin: Lichtbild-Bühne 1925.

Das Meer der Entscheidungen. Leipzig: Brockhaus 1924.

Südamerika, die aufsteigende Welt. Leipzig: Brockhaus 1922.

Südamerikanisches Auswanderer-ABC. Praktische Winke und Ratschläge für Auswanderer nach Südamerika auf Grund von Reisen und Studien in Argentinien, Brasilien, Chile, Uruguay und Bolivien in den Jahren 1919–1921. Stuttgart: Ausland und Heimat AG 1921.

„Sieg in Italien". In: Vossische Zeitung v. 13.11.1917 AA, S. 1–2.

Wir draußen. Zwei Jahre Kriegserleben an vier Fronten. Berlin / Wien: Ullstein & Co 1916.

„Als der Welt Kohle und Eisen ausging". In: Das Neue Universum 34 (1913), S. 165–178.

Der Balkankrieg 1912–13. Bilder von der untergehenden Türkenherrschaft in Europa. Mit Federzeichnungen v. Max Bürger. 3. Aufl. Cöln a. Rh.: Schaffstein 1913b [erste Auflage wohl 1913, dritte Auflage nach 1915].

Im Balkankrieg. München: Mörike 1913a.

„Eisenerz". In: Arbeiterwille (Graz) v. 9.8.1912, S. 1–3.

„Wie ich zu einem Gaul kam". In: Münchner Neueste Nachrichten v. 3.11.1912 MB, S. 1.

Archive

Brockhaus-Protokolle, Staatsarchiv Leipzig, Bestand 21083 – F.A. Brockhaus, Leipzig, I. Num. 790.

Nachlass Roß, Bayrisches Hauptstaatsarchiv.

Österreichisches Volkshochschularchiv.

Zitierte Literatur

[Ankündigung mit Zusammenfassung zum Vortrag]. In: Mitteilungen der Linzer Urania v. 27.2.1928, S. 3.

[Annonce]. In: Berliner Börsen-Zeitung v. 25.11.1927, S. 4.

A., H. Dr.: „Colin Ross: Die Sphinx erwacht [sic]". In: Paneuropa 4 (1928), S. 24–25.

Amann, Klaus: Die Dichter und die Politik. Essays zur österreichischen Literatur nach 1918. Wien: Ed. Falter / Deuticke 1992.

Autsch, Sabine: „Zum Deutungskonstrukt der Reise in biographischen Quellen". In: dies. (Hg.): Der Krieg als Reise. Der Erste Weltkrieg – Innenansichten. Siegen: Böschen 1999, S. 64–81.

Axel-Springer-Verlag / Lindner, Erik (Hg.): Presse- und Verlagsgeschichte im Zeichen der Eule. 125 Jahre Ullstein. Berlin: Springer 2002.

Barth, Boris: Dolchstoßlegenden und politische Desintegration. Das Trauma der deutschen Niederlage im Ersten Weltkrieg 1914–1933. Düsseldorf: Droste 2003.

Baumunk, Bodo-Michael: Colin Ross. Ein deutscher Revolutionär und Reisender 1885–1945. Unveröff. Magisterarb., Berlin 1999.

Baumunk, Bodo-Michael: „Ein Pfadfinder der Geopolitik. Colin Ross und seine Reisefilme". In: Schöning, Jörg (Hg.): Triviale Tropen. Exotische Reise- und Abenteuerfilme aus Deutschland 1919–1939. München: Ed. Text + Kritik 1997, S. 85–94.

Benjamin, Walter: „Erfahrung und Armut" [1933]. In: ders.: Gesammelte Schriften. Bd. II.1: Aufsätze, Essays, Vorträge. Hg. v. Rolf Tiedemann und Hermann Schweppenhäuser. Frankfurt a. M.: Suhrkamp 1991, S. 213–219.

Berg, Anna de: „Nach Galizien". Entwicklung der Reiseliteratur am Beispiel der deutschsprachigen Reiseberichte vom 18. bis zum 21. Jahrhundert. Frankfurt a. m. et al.: Peter Lang 2010.

Biging, Curt: „Colin Roß: Die erwachende Sphinx". In: Bücherwarte (Berlin) 1927, S. 305–306.

Bleicher, Thomas: „Das Abenteuer Afrika – zum deutschen Unterhaltungsroman zwischen den Weltkriegen". In: Bader, Wolfgang / Riesz, János (Hg.): Literatur und Kolonialismus. Frankfurt a. M. / Bern: Peter Lang 1983, S. 251–290.

Boden, Petra / Müller, Dorit (Hg.): Populäres Wissen im medialen Wandel seit 1850. Berlin: Kulturverl. Kadmos 2009.

Bracco, Rosa Maria: Merchants of Hope. British Middlebrow Writers and the First World War, 1919–1939. Providence / Oxford: Berg 1993.

Brenner, Peter J. (Hg.): Reisekultur in Deutschland. Von der Weimarer Republik zum „Dritten Reich". Tübingen: Niemeyer 1997.

Brenner, Peter J.: „Schwierige Reisen. Wandlungen des Reiseberichts in Deutschland 1918–1945". In: ders. (Hg.) 1997, S. 127–176.

Brenner, Peter J.: Der Reisebericht in der deutschen Literatur. Ein Forschungsüberblick als Vorstudie zu einer Gattungsgeschichte. Berlin: de Gruyter 1990, E-Book-Ausgabe.

Brenner, Peter J.: „Die Erfahrung der Fremde. Zur Entwicklung einer Wahrnehmungsform in der Geschichte des Reiseberichts". In: ders. (Hg.) 1989, S. 14–49.

Brenner, Peter J. (Hg.): Der Reisebericht. Die Entwicklung einer Gattung in der deutschen Literatur. Frankfurt a. M.: Suhrkamp 1989.

Brenner, Peter J.: „Einleitung". In: ders. (Hg.) 1989, S. 7–13.

Daniel, Ute: „Bücher vom Kriegsschauplatz. Kriegsberichterstattung als Genre des 19. und frühen 20. Jahrhunderts". In: Hardtwig, Wolfgang / Schütz, Erhard (Hg.): Geschichte für Leser. Populäre Geschichtsschreibung in Deutschland im 20. Jahrhundert. Stuttgart: Steiner 2005, S. 93–121.

Delabar, Walter: Klassische Moderne. Deutschsprachige Literatur 1918–33. Berlin: de Gruyter 2010, E-Book-Ausgabe.

Dethloff, Klaus: „Konservative Revolution und Philosophie in Österreich". In: Fischer, Kurt Rudolf (Hg.): Der geistige Anschluß: Philosophie und Politik an der Universität Wien 1930–1950. Wien: WUV 1993, S. 53–58.

Diesel, Eugen: 75 Bände „Das neue Universum", 1880–1958. Würdigung einer Epoche und eines Buches. Stuttgart: Union 1959.

-dt.: „Die erwachende Sphinx". In: Berliner Lokalanzeiger v. 24.11.1927, S. 2.

E., H. [Hanns Martin Elster]: „Colin Roß, der Weltwanderer". In: Neues Wiener Tagblatt v. 27.3.1936, S. 8.

E., R.: „Der schwarze Mann erwacht!". In: Arbeiter-Zeitung (Wien) v. 26.2.1928, S. 17–18.

Elster, Han[n]s Ma[r]tin: „Der Weltwanderer Colin Roß". In: Tages-Post [Linz] v. 21.12.1935, S. 16.

f., o. m. [Oskar Maurus Fontana]: „Colin Roß 50 Jahre alt". In: Neues Wiener Tagblatt v. 2.6.1935, S. 11.

Felt, Ulrike: „Die Stadt als verdichteter Raum der Begegnung zwischen Wissenschaft und Öffentlichkeit. Reflexionen zu einem Vergleich der Wissenschaftspopularisierung in Wien und Berlin um die Jahrhundertwende". In: Goschler (Hg.) 2000, S. 185–220.

Felt, Ulrike: Wissenschaft auf der Bühne der Öffentlichkeit. Die alltägliche Popularisierung der Naturwissenschaften in Wien, 1900–1938. Unveröff. Habil.-Schr., Wien 1997.

[Filmbroschüre]. Illustrierter Film-Kurier 945 (1928).

Föllmer, Moritz: „Ein Leben wie im Traum". Kultur im Dritten Reich. München: Beck 2016.

Fuchs, Brigitte: „Rasse", „Volk", Geschlecht. Anthropologische Diskurse in Österreich 1850–1960. Frankfurt a. M. et al.: Campus 2003.

Furler, Bernhard: Augen-Schein. Deutschsprachige Reportagen über Sowjetrußland 1917–1939. Frankfurt a. M.: Athenäum 1987.

gl: „Im Balkankrieg". In: Münchner Neueste Nachrichten v. 19.1.1913 MB, S. 4.

gol.: „Die erwachende Sphinx". In: Vossische Zeitung v. 24.11.1927, [S. 3].

Goschler, Constantin (Hg.): Wissenschaft und Öffentlichkeit in Berlin 1870–1930. Stuttgart: Steiner 2000.

Goschler, Constantin: „Wissenschaft und Öffentlichkeit in Berlin (1870–1930). Einleitung". In: ders. (Hg.) 2000, S. 7–29.

gr. / my / NN: „Von den Kämpfen um Verdun. Der Vortrag von Colin Roß". In: Vossische Zeitung v. 10.5.1916 MA, S. 4.

Haack, Hermann: „Die erwachende Sphinx". In: Geographischer Anzeiger 11 (1927), S. 366.

Hahnemann, Andy: Texturen des Globalen. Geopolitik und populäre Literatur in der Zwischenkriegszeit 1918–1939. Heidelberg: Winter 2010.

Hahnemann, Andy / Oels, David: „Einleitung". In: dies. (Hg.): Sachbuch und populäres Wissen im 20. Jahrhundert. Frankfurt a. M.: Peter Lang 2008, S. 7–25.

Haushofer, Karl: „Dem Fünfziger Colin Ross (4. Juni)". In: Zeitschrift für Geopolitik 6 (1935), S. 383.

Heinzel, Matthias: „,Das Neue Universum' – 122 Jahre ungebrochener Fortschrittsglaube". In: Wangerin, Wolfgang (Hg.): Der rote Wunderschirm. Kinderbücher der Sammlung Seifert von der Frühaufklärung bis zum Nationalsozialismus. Berlin: Wallstein 2011, S. 299–301.

Herzberg, Georg: „Die erwachende Sphinx". In: Film-Kurier (Berlin) v. 24.11.1927, o. S.

Heymel, Charlotte: Touristen an der Front. Das Kriegserlebnis 1914–1918 als Reiseerfahrung in zeitgenössischen Reiseberichten. Berlin / Hamburg / Münster: Lit 2007.

Hollander, Walter v.: „Die Entwicklung der Kriegsliteratur". In: Die neue Rundschau 2/27 (1916), S. 1274–1279.

Holzmann, Michael E.: Die österreichische SA und ihre Illusion von „Großdeutschland". Bd. 1: Völkischer Nationalismus in Österreich bis 1933. Berlin: Pro Business 2011, S. 122–124.

Jagschitz, Gerhard: „Die Presse in Österreich von 1918 bis 1945". In: Bobrowksy, Manfred / Duchkowitsch, Wolfgang / Haas, Hannes (Hg.): Medien- und Kommunikationsgeschichte. Ein Textbuch zur Einführung. Wien: Braumüller 1992, S. 116–138.

Jirgal, Ernst: Die Wiederkehr des Weltkrieges in der Literatur. Wien / Leipzig: Reinhold 1931.

K.: „Die erwachende Sphinx". In: Wiener Zeitung v. 13.3.1928, S. 5.

K., A.: „Die erwachende Sphinx". In: Der Film (Berlin) v. 26.11.1927, S. 2.

Keitz, Christine: „Grundzüge einer Sozialgeschichte des Tourismus in der Zwischenkriegszeit". In: Brenner (Hg.) 1997, S. 49–71.

Kerekes, Amália / Teller, Katalin: „Jahr-Markt der Schüsse. Das Gedenkjahr 1924 in Texten und Bildern aus Österreich und Ungarn". In: Preljevic, Vahidin / Ruthner, Clemens (Hg.): „The Long Shots of Sarajevo". 1914: Ereignis – Narrativ – Gedächtnis. Tübingen: Narr / Francke / Attempto 2016, S. 635–649.

Kirfel, W[illibald]: „Roß, Colin: Die erwachende Sphinx". In: Bücherwelt (Bonn a. Rh.) 1928, S. 61–62.

Klaus, Gerhard: Der österreichische Kriegsroman der Zwischenkriegszeit. Beiträge zum ständestaatlichen und nationalsozialistischen Kriegsroman. Unveröff. Diplomarb., Wien 1990.

Köck, Christoph (Hg.): Reisebilder. Produktion und Reproduktion touristischer Wahrnehmung. Münster et al.: Waxmann 2001.

Köstlin, Konrad: „Erzählen vom Krieg – Krieg als Reise II". In: BIOS 2 (1989), S. 173–183.

Köstlin, Konrad: „Krieg als Reise". In: ders. / Berwing, Margit (Hg.): Reise-Fieber. Begleitheft zur Ausstellung des Lehrstuhls für Volkskunde der Universität Regensburg. Regensburg: Lehrstuhl für Volkskunde 1984, S. 100–114.

Kretschmann, Carsten: „Wissenspopularisierung. Verfahren und Beschreibungsmodelle – ein Aufriss". In: Boden / Müller (Hg.) 2009, S. 17–34.

Kreuzer, Helmut: „Biographie, Reportage, Sachbuch. Zu ihrer Geschichte seit den zwanziger Jahren". In: Bennett, Benjamin (Hg.): Probleme der Moderne. Studien zur deutschen Literatur von Nietzsche bis Brecht. Tübingen: Niemeyer 1983, S. 431–458.

Langewiesche, Dieter: „‚Volksbildung' und ‚Leserlenkung' in Deutschland von der wilhelminischen Ära bis zur nationalsozialistischen Diktatur". In: Internationales Archiv für Sozialgeschichte der deutschen Literatur 14 (1989), S. 108–125.

Lauterbach, Burkhart: „Kulturwissenschaftliche Bilder vom Krieg als Reise. Eine Kritik". In: Köck (Hg.) 2001, S. 67–75.

Lethen, Helmut: „Der Habitus der Sachlichkeit in der Weimarer Republik". In: Weyergraf (Hg.) 1995, S. 371–445.

Lindner-Wirsching, Almut: „Patrioten im Pool. Deutsche und französische Kriegsberichterstatter im Ersten Weltkrieg". In: Daniel, Ute (Hg.): Augenzeugen. Kriegsberichterstattung vom 18. zum 21. Jahrhundert. Göttingen: Vandenhoeck & Ruprecht 2006, S. 113–140.

m., j. [Jakob Meth]: „Erwachende Sphinx. Ein neuer Afrikafilm in der Wiener Urania". In: Das Kleine Blatt (Wien) v. 13.3.1928, S. 3.

Maase, Kaspar: Grenzenloses Vergnügen. Der Aufstieg der Massenkultur 1850–1970. Frankfurt a. M.: Fischer 1997.

Matauschek, Isabella: „Ullstein in Wien". In: Axel-Springer-Verlag / Lindner (Hg.) 2002, S. 88–91.

Menrath, Manuel: „Von ‚wilden Bestien' und fremden Freunden. Die Wahrnehmung farbiger Kolonialsoldaten in der deutschsprachigen Schweiz im Vergleich mit Deutschland, 1871–1940". In: ders. (Hg.): Afrika im Blick. Afrikabilder im deutschsprachigen Europa, 1870–1970. Zürich: Chronos 2012, S. 123–150.

Mommsen, Hans: „Theorie und Praxis des österreichischen Ständestaats 1934 bis 1938". In: Leser, Norbert (Hg.): Das geistige Leben Wiens in der Zwischenkriegszeit. Ring-Vorlesung. Wien: Österreichischer Bundesverl. 1981, S. 174–192.

Mosse, George L.: Gefallen für das Vaterland. Nationales Heldentum und namenloses Sterben [1990]. Übers. v. Udo Rennert. Stuttgart: Klett-Cotta 1993.

M-r.: „Die erwachende Sphinx". In: Arbeiter-Zeitung (Wien) v. 17.3.1928, S. 6.

Müller, Dorit: „Transformationen populären Wissens im Medienwandel am Beispiel der Polarforschung". In: dies. / Boden (Hg.) 2009, S. 35–79.

Müller, Dorit: „Populärwissenschaftliche Zeitschriften im ‚Dritten Reich' ". In: Würmann, Carsten / Warner, Ansgar (Hg.): Im Pausenraum des ‚Dritten Reiches'. Zur Populärkultur im nationalsozialistischen Deutschland. Bern et al.: Peter Lang 2008, S. 23–43.

Müller, Karl / Wagener, Hans (Hg.): Österreich 1918 und die Folgen. Geschichte, Literatur und Film. Wien / Köln / Weimar: Böhlau 2009.

Müller, Karl: „Eine Zeit ‚ohne Ordnungsbegriffe'? Die literarische Antimoderne nach 1918 – ein Fallbeispiel: Hugo von Hofmannsthals Programmstück der Salzburger Festspiele und die ‚Konservative Revolution' ". In: Kucher, Primus-Heinz (Hg.): Literatur und Kultur im Österreich der Zwanziger Jahre. Bielefeld: Aisthesis 2007, S. 21–46.

Nagl, Tobias: Die unheimliche Maschine. Rasse und Repräsentation im Weimarer Kino. München: Ed. Text + Kritik 2009.

Neuber, Wolfgang: „Zur Gattungspoetik des Reiseberichts. Skizze einer historischen Grundlegung im Horizont von Rhetorik und Topik". In: Brenner (Hg.) 1989, S. 50–67.

NN [Hanns Martin Elster]: „Colin Roß. Zu seinem 50. Geburtstag". In: Linzer Volksblatt v. 4.6.1935 MA, S. 6.

NN: „ ‚Ein Meisterwerk in der Kriegsgeschichte' ". In: Rigasche Zeitung v. 10.9.1918, S. 7.

NN: „Bitte nicht so grausam!" In: Arbeiter-Zeitung (Wien) v. 17.8.1913 MB, S. 6.

NN: „Colin Roß in Wien". In: Reichspost v. 6.4.1938, S. 12.

NN: „Colin Roß über das Kolonialproblem. Aus einem Vortrag in der Wiener Urania". In: Reichspost v. 8.4.1938, S. 11–12.

NN: „Colin Roß: Die erwachende Sphinx. Einführender Vortrag von Dr. Paul Schebesta". In: Verlautbarungen des Volksbildungshauses Wiener Urania v. 10.3.1928, S. 7.

NN: „Der Signalist einer neuen Zeit". In: Tages-Post (Linz) v. 31.8.1927, S. 10.

NN: „Die erwachende Sphinx". In: Tages-Post (Linz) v. 10.3.1928, S. 13.

NN: „Ein Baby Weltumsegler. Familie Tambs fährt in einer Nußschale über zwei Ozeane". In: Berliner lllustrirte Zeitung v. 27.3.1932, S. 348–349.

NN: „Eröffnungsabend. Colin Roß: Das Interessanteste aus meinem Leben". In: Tages-Post (Linz) v. 4.10.1928, S. 16.

NN: „Meterweise". In: Arbeiter-Zeitung (Wien) v. 12.5.1916 MB, S. 1–2.

NN: „Neue Filme". In: Reichspost (Wien) v. 16.12.1927, S. 11.

NN: „Roß, Colin: Die erwachende Sphinx". In: Seele (Regensburg) 6 (1937), S. 176.

O., C.: „Colin Roß Fünfzig Jahre". In: Neue Freie Presse v. 22.5.1935 MB, S. 6.

Obst, Erich: „Literaturbericht aus Europa und Afrika. Colin Roß: Die erwachende Sphinx". In: Zeitschrift für Geopolitik 19 (1927), S. 911–912.

Oels, David / Schneider, Ute (Hg.): Der ganze Verlag ist einfach eine Bonbonniere. Ullstein in der ersten Hälfte des 20. Jahrhunderts. Berlin: de Gruyter 2014, E-Book-Ausgabe.

Opitz, Alfred: Reiseschreiber. Variationen einer literarischen Figur der Moderne vom 18.-20. Jahrhundert. Trier: WVT 1997.

P., H.: „Die erwachende Sphinx". In: Der Bildwart (Berlin) 1 (1928), S. 56–57.

Paupié, Kurt: Handbuch der österreichischen Pressegeschichte 1848–1959. Bd. I: Wien. Wien / Stuttgart: Braumüller 1960.

Petrasch, Wilhelm: Die Wiener Urania. Von den Wurzeln der Erwachsenenbildung zum lebenslangen Lernen. Wien / Köln / Weimar: Böhlau 2007.

Pfoser, Alfred / Renner, Gerhard: „‚Ein Toter führt uns an!'. Anmerkungen zur kulturellen Situation im Austrofaschismus". In: Tálos, Emmerich / Neugebauer, Wolfgang (Hg.): „Austrofaschismus". Beiträge über Politik, Ökonomie und Kultur 1934–1938. Wien: Verl. für Gesellschaftskritik 1984, S. 223–245.

Polgar, Alfred: Kleine Schriften, Bd. 1: Musterung. Hg. v. Marcel Reich-Ranicki. Reinbek b. H.: Rowohlt 2004.

Polgar, Alfred: „Der Österreicher (Ein Nachruf)" [1944]. In: ders. 2004, S. 205–209.

Polgar, Alfred: „Neuer Krieg" [1935]. In: ders. 2004, S. 118–122.

Polgar, Alfred: „Übergang" [1917]. In: ders. 2004, S. 13–14.

Qu., R.: „‚Vier Jahre am Feind'. Colin Roß, diesmal ganz anders". In: Das Kleine Volksblatt v. 19.12.1938, S. 10.

r.: „Die erwachende Sphinx". In: Vorwärts v. 27.11.1927, Beilage *Aus der Film-Welt*, S. 1.

Reif, Wolfgang: „Exotismus im Reisebericht des frühen 20. Jahrhunderts". In: Brenner (Hg.) 1989, S. 434–462.

Reininghaus, Alexandra: Oskar Maurus Fontana. Wiener Feuilleton im Wechsel der österreichischen Geschichte. Wien: Passagen 2008.

Reischek, Andreas: Colin Ross. Reise um die Erde. Österreichisches Volkshochschularchiv, Typoskript, B-VID Skio-Urania/Dok 203.

Rieger, Markus: Zauber der Montur. Zum Symbolgehalt der Uniform in der österreichischen Literatur der Zwischenkriegszeit. Wien: Braumüller 2009.

Ross, Corey: „Cinema, Radio, and ‚Mass Culture' in the Weimar Republic: Between Shared Experience and Social Division". In: Williams, John Alexander (Hg.): Weimar Culture Revisited. New York: Palgrave Macmillan 2011, S. 23–48.

Ruchatz, Jens: „Vorträge sind Silber, Dias sind Gold. Medienkonkurrenz im Projektionsvortrag". In: Boden / Müller (Hg.) 2009, S. 101–118.

rz.: „Wir draußen". In: Fremden-Blatt (Wien) v. 22.10.1916, S. 10.

Sarasin, Philipp: „‚La Science en Famille'. Populäre Wissenschaft im 19. Jahrhundert als bürgerliche Kultur – und als Gegenstand einer Sozialgeschichte des Wissens". In: Gyr, Uely (Hg.): Soll und Haben. Alltag und Lebensformen bürgerlicher Kultur. Zürich: Offizin 1995, S. 97–110.

Schebesta, Paul Dr.: Die erwachende Sphinx (kurz). Österreichisches Volkshochschularchiv, Typoskript, B-VID Skio-Urania/Dok 219.

Schebesta, Paul Dr.: Die erwachende Sphinx [lang]. Österreichisches Volkshochschularchiv, Typoskript, B-VID Skio-Urania/Dok 219.

Schlesier, Renate: „Verdichtete Reiseberichte. Zur Geschichte des Homo viator". In: Neumann, Gerhard / Weigel, Sigrid (Hg.): Lesbarkeit der Kultur. Literaturwissenschaften zwischen Kulturtechnik und Ethnographie. München: Fink 2000, S. 133–149.

Schneider, Thomas F. (Hg.): Kriegserlebnis und Legendenbildung. Das Bild des „modernen" Krieges in Literatur, Photographie und Film. Bd. 1: Vor dem Ersten Weltkrieg. Der Erste Weltkrieg. Osnabrück: Rasch 1999.

Schneider, Thomas F. / Wagener, Hans (Hg.): Von Richthofen bis Remarque. Deutschsprachige Prosa zum I. Weltkrieg. Amsterdam: Rodopi 2003.

Schneider, Thomas F. et al.: Die Autoren und Bücher der deutschsprachigen Literatur zum Ersten Weltkrieg 1914–1939. Ein bio-bibliographisches Handbuch. Göttingen: V & R Unipress / Osnabrück: Universitätsverl. Osnabrück 2008.

Schneider, Thomas F.: „Zur deutschen Kriegsliteratur im Ersten Weltkrieg". In: ders. (Hg.) 1999, S. 101–114.

Schott-Tannich, Sabine: Der ethnographische Abenteuer- und Reiseroman des 19. Jahrhunderts im Urteil der zeitgenössischen Rezensenten. Unveröff. Diss., Kassel 1993.

Schütz, Erhard: „Autobiographien und Reiseliteratur". In: Weyergraf (Hg.) 1995, S. 549–600.

Schütz, Erhard: Romane der Weimarer Republik. München: Fink 1986.

Schütz, Erhard: Kritik der literarischen Reportage: Reportagen und Reiseberichte aus der Weimarer Republik über die USA und die Sowjetunion. München: Fink 1977.

sf.: „Das Kino als Völkermuseum". In: Film-Kurier (Berlin) v. 12.10.1927, Beiblatt, S. 1.

Siebert, Ulla: „Reisetexte als ‚true fictions'. Wahrheit und Authentizität in Reisetexten von Frauen, 1871–1914". In: Köck (Hg.) 2001, S. 153–165.

Sloterdijk, Peter: „Weltanschauungsessayistik und Zeitdiagnostik". In: Weyergraf (Hg.) 1995, S. 309–339.

St.: „Sichtung im Bücherschrank". In: Kleine Volks-Zeitung (Wien) v. 14.12.1943, S. 4.

St., L. Dr.: „Colin Ross 50 Jahre". In: Berliner Tageblatt v. 4.6.1935 AA, 1. Beibl., [S. 1].

Stark, Roland / Hermann-Schaffstein-Verlag (Hg.): Der Schaffstein-Verlag. Verlagsgeschichte und Bibliographie der Publikationen, 1894–1973. Frankfurt a. M. et al.: Peter Lang 2003.

Stifter, Christian F.: „Die Wiener Volkshochschulbewegung in den Jahren 1887–1938: Anspruch und Wirklichkeit". In: ders. / Ash, Mitchell G. (Hg.): Wissenschaft, Politik und Öffentlichkeit. Von der Wiener Moderne bis zur Gegenwart. Wien: WUV 2002, S. 95–116.

Stöber, Rudolf: Deutsche Pressegeschichte. Einführung, Systematik, Glossar. Konstanz: UVK Medien 2000.

Tucholsky, Kurt an Mary Tucholsky v. 3.7.1927. In: Tucholsky, Kurt: Gesamtausgabe. Bd. 18: Briefe 1925–1927. Hg. v. Renke Siems / Christa Wetzel. Reinbek b. H.: Rowohlt 2007, S. 256–258.

ud.: „Deutschlands koloniale Zukunft". In: Film-Kurier (Berlin) v. 19.11.1927, o. S.

Ueding, Gert: Glanzvolles Elend. Versuch über Kitsch und Kolportage. Frankfurt a. M.: Suhrkamp 1973.

Unterberger, Rebecca: „ ‚Amerika, du hast es besser'? ‚Reiseschreibung' aus der Neuen Welt". In: Kucher, Primus-Heinz / Bertschik, Julia (Hg.): „Baustelle Kultur". Diskurslagen in der österreichischen Literatur 1918–1933/38. Bielefeld: Aisthesis 2011, S. 125–158.

Venus, Theodor: „Bis zum Ende gespielt. Zur Geschichte des ‚Reichssenders Wien' im Dritten Reich". In: Rathkolb,

Oliver / Duchkowitsch, Wolfgang / Hausjell, Fritz (Hg.): Die veruntreute Wahrheit. Hitlers Propagandisten in Österreich '38. Salzburg: Müller 1988, S. 108–157.

Vondung, Klaus: „Einleitung. Propaganda oder Sinndeutung?" In: ders. (Hg.): Kriegserlebnis. Der Erste Weltkrieg in der literarischen Gestaltung und symbolischen Deutung der Nationen. Göttingen: Vandenhoeck & Ruprecht 1980, S. 11–37.

Wagner, Hans-Ulrich: „Volk ohne Raum. Zur Geschichte eines Schlagwortes". In: Sprachwissenschaft 17 (1992), S. 68–109.

Wallisch, Friedrich: „Colin Roß, Weltreisender aus Wien". In: Wiener Neueste Nachrichten v. 4.6.1935, S. 2.

Weisl, Wolfgang Dr.: „Colin Roß: Die erwachende Sphinx". In: Neue Freie Presse v. 18.9.1927, S. 24.

Weyergraf, Bernhard (Hg.): Literatur der Weimarer Republik 1918–1933. München / Wien: Hanser 1995.

[Wiener Urania (Hg.)]: 50 Jahre Wiener Urania: Volksbildung im demokratischen Wien. 1897–1947. Wien: Wiener Urania 1947.

w. f. m.: „Betriebskameraden freuen sich über gute Bücher". In: Neues Wiener Tagblatt v. 29.10.1940, S. 4.

W-g., H.: „Die erwachende Sphinx. Colin Roß-Film der Ufa. Im Mozartsaal". In: Lichtbild-Bühne v. 24.11.1927, S. 2.

x. s.: „Die moderne Schlacht in Theorie und Praxis". In: Neues Wiener Journal v. 18.10.1916, S. 2–3.

Ziemann, Benjamin: „Die Erinnerung an den Ersten Weltkrieg in den Milieukulturen der Weimarer Republik". In: Schneider (Hg.) 1999, S. 249–270.

Zitzewitz, Gert: „Colin Roß spricht". In: Film-Magazin (Berlin) v. 13.11.1927, o. S.

Personenregister

A
Amman, Klaus 82
Autsch, Sabine 34, 37

B
Barth, Boris 77
Bartsch, Rudolf Hans 26
Bauer, Otto 41
Baumunk, Bodo-Michael 14, 17, 31, 39, 40, 53, 83
Baus, Georg 45
Benjamin, Walter 28
Berg, Anna de 32
Biging, Curt 58
Bleicher, Thomas 70
Bloch, Ernst 70
Bongard, Oskar 26
Bonsels, Waldemar 31
Bracco, Rosa Maria 79
Brenner, Peter J. 32, 33, 34, 70

C
Coudenhove-Kalergi, Richard N. 59

D
Daniel, Ute 20, 30
Delabar, Walter 27
de Klerk, Nicolaas 12
Dethloff, Klaus 82
Diesel, Eugen 19

E
Elster, Hanns Martin 15, 16, 17

F
Felt, Ulrike 65, 66, 68
Föllmer, Moritz 83
Fontana, Oskar Maurus 16, 17
Fuchs, Brigitte 61
Furler, Bernhard 41

G
Goschler, Constantin 66

H
Haack, Hermann 57
Hahnemann, Andy 18, 19, 20, 47, 54, 59, 66, 68, 80
Haushofer, Karl 14
Heinzel, Matthias 19
Herzberg, Georg 57
Heymel, Charlotte 21, 26, 34, 35, 79
Hobelsperger, Alois 60
Hofmannsthal, Hugo von 81, 82

Holitscher, Arthur 41
Hollander, Walter von 30
Holzmann, Michael E. 60

J
Jagschitz, Gerhard 15
Jirgal, Ernst 74
Johann, Alfred Ernst 54

K
Keitz, Christine 81
Kerekes, Amália 80
Kerekes, Lajos 81
Kirfel, Willibald 58
Kisch, Egon Erwin 54
Klaus, Gerhard 74
Kopp, Kristin 12, 41
Köstlin, Konrad 37
Kretschmann, Carsten 65
Kreuzer, Helmut 69

L
Langewiesche, Dieter 63, 81
Lauterbach, Burkhart 37
Lennhoff, Eugen 26
Lethen, Helmut 79
Lindner, Erik 25
Lindner-Wirsching, Almut 37

M
Maase, Kaspar 83
Mann, Thomas 27
Matauschek, Isabella 25
Mattl, Siegfried 9, 53

Menrath, Manuel 27
Meth, Jakob 62
Miller, Oskar von 17
Moeller van den Bruck, Arthur 31
Molnár, Ferenc (Franz) 26
Mommsen, Hans 81
Mosse, George L. 36
Müller, Dorit 18, 66
Müller, Karl 77, 82
Münchhausen, Börries von 31

N
Nagl, Tobias 54
Neuber, Wolfgang 38
Nordau, Max 26

O
Obst, Erich 57
Oels, David 67, 68
Opitz, Alfred 32
Orosz, Magdolna 12
Osborn, Max 26

P
Paupié, Kurt 15
Paquet, Alfons 41
Petrasch, Wilhelm 68
Pfoser, Alfred 69, 82
Polgar, Alfred 13, 73

R
Reif, Wolfgang 70
Reininghaus, Alexandra 16

Reischek, Andreas 60, 84
Renner, Gerhard 69, 82
Rieger, Markus 80
Roda Roda 26
Rosenfeld, Sándor Friedrich
  s. Roda Roda
Ross, Corey 69
Roß, Fritz 16, 25
Roß, Lisa (Luisa) 43, 47, 49
Roß, Ralph Colin 46, 47,
  48, 51
Roß, Renate 47
Ruchatz, Jens 81

S
Sarasin, Philipp 64
Schätz, Joachim 12, 44, 49
Schebesta, Paul 60, 61
Schirach, Baldur von 83
Schlesier, Renate 69
Schneider, Thomas F. 26,
  78, 79
Schneider, Ute 67
Schott-Tannich, Sabine 70
Schütz, Erhard 38, 39, 73,
  78, 79
Siebert, Ulla 33

Sloterdijk, Peter 41
Stark, Roland 23
Stifter, Christian F. 68
Stöber, Rudolf 15

T
Tambs, Erling 45
Tucholsky, Kurt 43

U
Ueding, Gert 70
Unterberger, Rebecca 33

V
Venus, Theodor 84
Vondung, Klaus 27

W
Wagener, Hans 77, 78
Wagner, Hans-Ulrich 51
Wallisch, Friedrich 15
Weisl, Wolfgang 63

Z
Ziemann, Benjamin 79
Zitzewitz, Gert von 55